UM ESPECTRO RONDA O TERCEIRO SETOR, O ESPECTRO DO MERCADO

Ensaios de Gestão Social

Coleção Administração e Contabilidade

Fernando Guilherme Tenório

UM ESPECTRO RONDA O TERCEIRO SETOR, O ESPECTRO DO MERCADO

Ensaios de Gestão Social

3ª edição revista e ampliada

Editora UNIJUÍ

Ijuí
2008

© 2003, Editora Unijuí
Rua do Comércio, 1364
98700-000 - Ijuí - RS - Brasil -
Fone: (0__55) 3332-0217
Fax: (0__55) 3332-0216
E-mail: editora@unijui.edu.br
Http://www.editoraunijui.com.br

Editor: Gilmar Antonio Bedin
Editor-Adjunto: Joel Corso
Capa: Elias Ricardo Schüssler
Responsabilidade Editorial, Gráfica e Administrativa:
Editora Unijuí da Universidade Regional do Noroeste
do Estado do Rio Grande do Sul (Unijuí; Ijuí, RS, Brasil)
1ª Edição: 2003
2ª Edição Revista: 2004
3ª Edição Revista e ampliada: 2008

Catalogação Publcação:
Biblioteca Universitária Mario Osorio Marques – Unijuí

T312e   Tenório, Fernando Guilherme
           Um espectro ronda o terceiro setor, o espectro do mercado : ensaios de gestão social / Fernando Guilherme Tenório. - 3. ed. rev. e ampl. - Ijuí : Ed. Unijuí, 2008. - 192 p. - (Coleção administração e contabilidade).
           ISBN 978-85-7429-669-2

           1. Administração 2. Gestão social 3. Terceiro setor 4. Organizações, teoria das – estudo I. Título II. Título: Ensaios de gestão social III. Série

                                           CDU : 65.01
                                                   65.012.4
                                                   351

Editora Unijuí afiliada:

Associação Brasileira
das Editoras Universitárias

SUMÁRIO

Apresentação 7

Introdução – É possível a relação sociedade-Estado? 9

I – Gestão Social: uma Perspectiva Conceitual 13

II – Um Espectro Ronda o Terceiro Setor:
    o Espectro do Mercado 39

III – Alianças e Parcerias, uma Estratégia em Alves & Cia 65

IV – Inovando com Democracia, Ainda uma Utopia 93

V – Seis Estudos Sobre Desenvolvimento Local com Cidadania 115

VI – (Re)Visitando o Conceito de Gestão Social 157

Conclusão – é Possível 185

APRESENTAÇÃO

O objetivo central de um livro que procura ser uma coletânea de textos produzidos por um mesmo autor pode ser caracterizado de várias formas. Citarei apenas duas: uma pode estar relacionada ao exibicionismo dos possíveis dotes intelectuais de quem os escreveu; outra pode significar o resultado satisfatório que os textos provocaram nos leitores. Gostaria de estar incluído nesta segunda possibilidade.

Nesta coletânea estão relacionados ensaios que têm a ver com o estudo das teorias organizacionais, temática que tenho trabalhado no programa de pós-graduação *stricto sensu* da Escola Brasileira de Administração Pública e de Empresas (Ebape) da Fundação Getulio Vargas (FGV), assim como em uma linha de pesquisa que desenvolvo nesta mesma instituição, o Programa de Estudos em Gestão Social (Pegs).

Na realidade esta coletânea foi organizada procurando estabelecer um "divisor de águas" entre uma etapa e outra do meu conhecimento sobre a Administração como prática e área de estudo. E este "divisor" foi estimulado pelo professor Alberto Guerreiro Ramos, grande pensador da Sociologia brasileira, a quem rendo as minhas homenagens logo na Introdução deste conjunto de textos selecionados. Apesar desta dívida intelectual ao professor Guerreiro, os artigos que compõem esta coletânea devem ser percebidos como ensaios, na medida em que são tentativas de conhecer o significado e a importância da Administração como área de conhecimento.

Não podemos concluir a apresentação de um livro sem antes registrar os agradecimentos àquelas pessoas que de uma forma direta ou indireta contribuíram para sua elaboração. Para tanto distribuo esses agradecimentos àqueles colegas-professores e alunos da Ebape/FGV que, ao lerem os textos, aportaram idéias e críticas a fim de torná-los compreensíveis. O apoio e colaboração destas pessoas, no entanto, não significa responsabilidade pelo conteúdo descrito nos seis artigos que conformam esta coletânea. O entendimento e dissertação sobre os temas aqui expostos são de minha inteira responsabilidade.

Finalmente cabe ressaltar que alguns artigos foram reeditados a fim de procurar estabelecer coerência intertextos enquanto linguagem conceitual utilizada. De outro a taxonomia empregada é a praticada pelas ciências sociais notadamente aquelas apoiadas no enfoque teórico-crítico. Foi mantida, entretanto, a essência dos conteúdos originais de cada ensaio.

Fernando Guilherme Tenório

INTRODUÇÃO
É Possível a Relação Sociedade-Estado?

Desde o ano de 1990, quando o liberalismo econômico instalou-se no Brasil no efêmero governo Collor de Mello, iniciamos uma reflexão sobre o papel que teria a Administração Pública a partir de um governo que veio com o intuito de "acabar com os marajás" mas que, na realidade, tinha como estratégia praticar a ideologia do Estado-mínimo. Isto é, menos ação de governos e mais de mercado. Não podemos esquecer que dos anos 30 até os anos 85 do século passado o Estado brasileiro teve uma forte presença no processo de transformação do quadro socioeconômico do país. Assim, a questão fundamental que norteava a nossa reflexão era como entender e explicar Administração Pública a partir de um contexto histórico cujo eixo de discussão fundamental não teria mais origem no Estado, mas no mercado.

O ambiente desta reflexão era a Escola Brasileira de Administração Pública (Ebap) da Fundação Getulio Vargas (FGV), pioneira na América Latina no estudo da gestão pública e que dado este novo contexto histórico – liberalismo econômico – em 2000 acrescentou, a sua cinqüentenária sigla Ebap, a letra "E" de Empresas, passando a denominar-se Escola Brasileira de Administração Pública e de Empresas.[1] No entanto, como já observamos, a nossa preocupação ante-

---
[1] A história da Ebape pode ser encontrada em BEOMENY, Helena; MOTTA, Marly (Orgs.). *A Escola que faz Escola* – Ebape. 50 anos – Depoimentos ao CPDOC. Rio de Janeiro: FGV Editora, 2002.

cede a este fato natalício, ano de 1990. Ela vinha ao encontro da necessidade de discutir o setor público não mais como referência do processo de desenvolvimento socioeconômico do país, mas apenas de um papel regulador. É, portanto, sob esta nova configuração que surge o intento de estudar o novo quadro institucional da burocracia pública.

O quadro institucional que se apresentava era determinado por um pensamento que tinha a sua marca diferenciadora no fato de o Estado, entre outras medidas, "livrar-se" do seu patrimônio, via privatizações, e de "enxugar" a burocracia pública por meio de sua desmobilização. A lógica era que os agentes econômicos atenderiam às necessidades da sociedade por intermédio do mercado, podendo, em algum momento, carências sociais serem atendidas por aquilo que veio se denominar terceiro setor. Portanto é a partir desse novo marco institucional que em 1990 criamos, no espaço da então Ebap, um programa de pesquisa denominado Programa de Estudos em Gestão Social (Pegs), cujo objetivo central era refletir sobre quem seria o novo mediador entre o poder público e a sociedade na medida em que não compartilhávamos da ideologia de que o mercado, por si só, poderia desempenhar novas funções além de acumular capital.

Tal reflexão identificou a cidadania como o possível mediador dessas novas relações. Discutir cidadania, contudo, em um espaço social no qual, historicamente, o cidadão era "reconhecido" apenas pelo seu dever de votar e não como indivíduo com direito a adquirir direitos, poderia ser uma inglória ponderação. Apesar disso, começamos a praticar o intento de buscar referências teóricas e práticas que justificassem a possibilidade de a nova mediação não ficar sob os cuidados da "mão invisível". Uma das primeiras conseqüências foi desenvolver o conceito de gestão social, cujo conteúdo é fundado na democratização das relações sociais e não na consecução de resultados, como é o caso da gestão estratégica.

A gestão social se aproxima, portanto, de um processo no qual a hegemonia das ações possui caráter intersubjetivo. Isto é, no qual os interessados na decisão, na ação de interesse público, são participantes do processo decisório. A gestão social é uma ação que busca o entendimento negociado e não o resultado, o que é típico do mundo empresarial privado. Na gestão social todos os envolvidos têm direito à fala. Deve ser uma prática gerencial à qual, na relação sociedade-Estado, seja incorporada a participação da cidadania desde o momento da identificação do problema à implementação de sua solução.

A segunda conseqüência de nossa reflexão foi reconfigurar o que tradicionalmente se faz quando se discute e/ou se pratica a relação entre o poder público e a sociedade. A configuração tradicional estabelece a relação do Estado em direção à sociedade, isto é, a grafia é feita partindo do primeiro para o segundo elemento: Estado-sociedade. No nosso caso invertemos este par de palavras: sociedade-Estado, querendo dizer com isto que o privilégio da relação começa pelas demandas que a primeira propõe negociando com o poder público. Esta mesma lógica foi empregada na também tradicional relação capital-trabalho. A partir dessa nova configuração o trabalho propõe e compartilha com os agentes econômicos o processo de tomada de decisão.[2] No presente conjunto de ensaios trataremos apenas da relação sociedade-Estado.

Assim, seis são os textos aqui apresentados: *Gestão Social: uma Perspectiva Conceitual* (1998); *Um Espectro Ronda o Terceiro Setor, o Espectro do Mercado* (1999); *Alianças e Parcerias, uma Estratégia em Alves*

---

[2] Esta possibilidade poderá ser observada em Tenório, Fernando G. *Tem razão a Administração? Ensaios de teoria organizacional.* 2. ed. rev. Ijuí: Ed. Unijuí, 2004.

& Cia. (2000); *Inovando com Democracia, Ainda uma Utopia* (1999); *Seis Estudos Sobre Desenvolvimento Local com Cidadania*; *(Re)Visitando o Conceito de Gestão Social*.

Em resumo, o que passamos a estudar foi a possibilidade de verificar até que ponto é possível sair da dicotomização Estado e mercado ou mercado e Estado, divisão ora preconizada pelos partidários do intervencionismo estatal por um lado e, de outro, daqueles que têm no mercado a referência principal, para uma outra percepção que tem na sociedade civil o determinante das relações sociais e de produção. Para tanto acompanhamos aquilo que Oswald Sunkel em 2002 denominou de enfoque sociocêntrico ao invés de estadocêntrico e/ou mercadocêntrico.

Nesta sucessão histórica binária de Estado e mercado, tem-se transitado desde uma matriz sociocultural, política e econômica predominantemente estadocêntrica a outra excludentemente mercadocêntrica. No entanto, é evidente que o Estado e mercado são somente meios para um fim superior: o bem-estar das pessoas e famílias, que em seu conjunto constituem a sociedade civil. A compreensão da problemática contemporânea do desenvolvimento requer urgentemente da elaboração e aplicação de uma visão ou concepção sociocêntrica, que tanscenda e supere o falso dilema ahistórico e estático que opõe binariamente Estado a mercado. É preciso compreender que se trata em realidade de um processo histórico dialético em que uma fase histórica predominantemente estadocêntrica foi sucedida por outra mercadocêntrica. Ao começar esta última a enfrentar dificuldades em sua evolução, começa a emergir uma terceira opção que denominarei sociocêntrica, porque vem impulsionada pelo fortalecimento da sociedade civil e suas novas demandas (2002, p. 2).[3]

---

[3] SUNKEL, Oswaldo. "Trascender el dilema estado-mercado: um enfoque sociocéntrico." In: *Agenda Pública*. Santiago de Chile: Informativo Inap, año 1 – n. 1, dic./2002.

I
Gestão Social: uma perspectiva conceitual[1]

O tema *gestão social* tem sido evocado nos últimos anos para acentuar a importância das questões sociais para os sistemas-governo, sobretudo na implementação de políticas públicas, assim como dos sistemas-empresa no gerenciamento de seus negócios. Trata-se de justificar a presença do Estado-mínimo na atenção focalizada, através de políticas sociais; e, ao mesmo tempo, de fomentar, flexibilizando, as relações de trabalho e de produção dos agentes econômicos. Em ambos os casos, o que se tem observado é uma teoria e prática de *gestao social* muito mais coerente com a *gestão estratégica* do que aquelas consentâneas com sociedades democráticas e solidárias.

O objetivo deste ensaio é apresentar uma compreensão do conceito de *gestão social* a partir de experiências teóricas e práticas desenvolvidas no âmbito do Programa de Estudos em Gestão Social (Pegs), linha de pesquisa implementada na Escola Brasileira de Administração Pública e de Empresas (Ebape) da Fundação Getulio Vargas (FGV). Estas experiências nasceram de estudos, publicação de livros, atividades de treinamento e cooperação técnica realizado nos últimos dez anos. Nesta linha de pesquisa, procuramos estudar as relações entre a *Sociedade* e o *Estado*, assim como entre o *trabalho* e o *capital*.

---
[1] Originalmente publicado na *Revista de Administração Pública*.

Geralmente, este tipo de discussão é pautado pela seqüência linear *Estado-Sociedade* e *capital-trabalho*. Entretanto, na nossa perspectiva de estudo, propositalmente, focalizamos a relação invertendo a posição destas categorias de análise: *Sociedade-Estado* e *trabalho-capital*. Aparentemente, esta mudança de posição dos temas não contribui, substantivamente, para uma análise dos fenômenos políticos, sociais e econômicos por eles gerados. No entanto, ao tomar como premissa que o estudo deve partir da ótica da *Sociedade* e da ótica do *trabalho*, acreditamos mudar o enfoque de quem deve ser o protagonista no processo dessas relações – a *cidadania*. Portanto, o cidadão é o sujeito privilegiado de vocalização daquilo que interessa à *Sociedade* nas demandas ao *Estado* e daquilo que interessa ao *trabalhador* na interação com o *capital*. Isto é, a *cidadania* é vista não apenas como a base da soberania de um Estado-nação, mas também como expressão do pleno exercício de direitos exigíveis em benefício da pessoa humana e da coletividade.

Os elementos conceituais que orientam esta reflexão se desenvolveram a partir de uma epistemologia que procura reconstruir o conhecimento por meio da produção social e não como resultado de saberes oniscientes. Tem mais compromisso com as questões intersubjetivas do que com as individuais. Epistemologia que permite inferir que o discurso e a prática da *gestão social* têm se pautado pela lógica de mercado, da *gestão estratégica*, e não por questões de natureza social. Enquanto a *gestão estratégica* procura objetivar o "adversário" através da esfera privada, a *gestão social* deve atender, por meio da esfera pública, o bem comum da sociedade.

O referencial conceitual deste ensaio será a perspectiva teórico-crítica da Escola de Frankfurt, que surge na Alemanha nos anos 30, na Universidade de Frankfurt, e que discutiu a racionalidade instrumental como razão inibidora da emancipação do homem. Da herança frankfurteana, trabalharemos com Jürgen Habermas, pensador contemporâneo próximo ao legado filosófico da teoria crítica que procura, por meio de seu conceito de racionalidade comunicativa, estabelecer elementos conceituais democratizadores das relações sociais na sociedade contemporânea.

A partir desta alusão conceitual, este ensaio obedecerá à seguinte estrutura: descrição do referencial teórico-crítico que estabelece os elementos epistemológicos do significado de *gestão social*; descrição do sentido antinômico dos conceitos de *gestão estratégica* e *gestão social* assim como de *cidadania deliberativa*; o *terceiro setor* como alternativa de *gestão social*; conclusão.

Descrição do referencial teórico-crítico que estabelece os elementos epistemológicos do significado de gestão social

O fundamento epistemológico que utilizamos para contrapor o significado de *gestão social* ao de *gestão estratégica*, assim como do exercício da *cidadania*, é aquele definido pela Escola de Frankfurt a partir do confronto entre a *teoria crítica* e a *teoria tradicional*.

Por *teoria tradicional*, os frankfurteanos entendem todo conhecimento positivista, onisciente, que procura estabelecer princípios gerais, enfatizar o empirismo e a verificação e identificar proposições gerais para submetê-las à prova. Visa o conhecimento puro antes que a transformação social. Trabalha os fatos sociais como fatos quase neutros, análogos às ciências naturais. Tal percepção, fetichisa os fatos já que os "transforma em uma categoria coisificada (verdinglichte) e, por isso, ideológica" sem consciência dos determinantes da realidade (Horkheimer, 1975, p. 129). Portanto, ao isolar os fatos sociais, eles podem ser delimitados e quantificados, mas ao mesmo tempo são reificados. São três as teses centrais que distinguem uma *teoria tradicional* de uma *teoria crítica*:

1. Teorias críticas têm posição especial como guias para a ação humana, visto que:
   a) elas visam produzir esclarecimento entre os agentes que as defendem, isto é, capacitando esses agentes a estipular quais são os seus verdadeiros interesses;
   b) elas são inerentemente emancipatórias, isto é, elas libertam os agentes de um tipo de coerção que é, pelo menos parcialmente, auto-imposta, a auto-frustração da ação humana consciente.
2. Teorias críticas têm conteúdo cognitivo, isto é, são formas de conhecimento.
3. Teorias críticas diferem epistemologicamente das teorias em ciências naturais, de maneira essencial. As teorias em ciência natural são "objetificantes"; as teorias críticas são "reflexivas" (Geuss, 1988, p. 08).

Por ser reflexiva, por retornar o pensamento sobre si, a *teoria crítica* investiga as interconexões recíprocas dos fenômenos sociais e observa-os numa relação direta com as leis históricas do momento na sociedade estudada. Ela tem a sociedade como objeto de estudo e, para compreendê-la e evitar a superficialidade da análise, as suas interconexões estruturais devem ser analisadas. Na dialética da *teoria crítica*, a totalidade (a sociedade) tem primazia sobre o particular, isto é, a sociedade precede o sujeito, mostrando a diferença entre o geral e o particular e a determinação deste pelo geral.

> Assim, ninguém pode refletir sobre si mesmo ou ainda sobre a humanidade, como se fosse um sujeito livre de determinadas condições históricas. Decerto, um indivíduo pode abstrair-se de

certos interesses pessoais, pode excluir, na medida do possível, todas as particularidades impostas pelo seu próprio destino, porém todos os passos de seu pensamento serão sempre de um determinado homem de uma determinada classe num determinado momento (Horkheimer, 1990, p. 118).

Outro posicionamento da *teoria crítica* contrário à *teoria tradicional* diz respeito à atitude do cientista perante o objeto de estudo. A *teoria crítica* não aceita o conhecimento como sendo distinto e superior à ação, e reconhece que a pesquisa é impossível de ser desinteressada em uma sociedade em que os homens não são autônomos. O pesquisador é sempre parte do objeto que estuda, principalmente se esse objeto é social. Sua percepção está condicionada por categorias sociais sobre as quais não pode sopropor-se. Independentemente do cientista aceitar ou não que o seu conhecimento é supra-social, ele e a sua ciência estão integrados à sociedade. A ciência é parte das forças de produção, o que torna possível a constante atualização ou modernização dos sistemas produtivos.

Daí porque boa parte da atual pesquisa social empírica, principalmente no campo da gestão organizacional, estar intimamente ligada ao pragmatismo, ao sucesso do mercado. Os seus métodos e técnicas são moldados de acordo com o determinismo de mercado. Tal determinismo impede que os "pesquisadores tradicionais" tenham uma visão clara do mundo que os cerca, já que este tipo de pesquisador mimetiza suas análises sob a ótica exclusiva da razão instrumental. Através desta *razão* a "racionalização das relações entre os homens, (...), aspectos quantitativos" substituem os "qualitativos sob a hegemonia do princípio da eqüivalência entre coisas e coisas, homens e coisas" (Horkheimer, 1990, p. XV).

A tentativa de reunir conhecimento e interesse, razão teórica e prática, foi uma fundamental posição filosófica da Escola de Frankfurt, e é a base de suas críticas à distinção positivista entre "fato" e "valor", entre o dado real e o desejável. Assim conhecimento e interesse são, em última instância, inseparáveis. O dever do pesquisador crítico é o de revelar as tendências negativas que na sociedade impedem a emancipação do homem. Isto é, na pesquisa deve sempre existir um momento em que os elementos negativos latentes na realidade sejam identificados.

Manter dualismo formalista de fatos e valores que as teorias tradicionais realçam, significa atuar a serviço do *status quo*. A pesquisa social deve conter sempre um componente histórico, não no sentido cronológico, mas como base de possibilidades de mudanças de transformação. Horkheimer expressou esta idéia dizendo que a função social do teórico crítico surge quando ele e seu trabalho são vistos como formando uma unidade dinâmica com os oprimidos, à medida que a identificação das contradições sociais não é meramente uma expressão de situações históricas concretas, mas sim, uma análise que deve conter estímulos para mudanças.

Resumindo, poderíamos dizer que as observações que a *teoria crítica* faz a *teoria tradicional* desenvolve-se em três aspectos: (a) a *teoria tradicional* é inadequada para analisar ou entender a vida social; (b) a *teoria tradicional* analisa somente o que vê, aceita a ordem social presente, obstruindo qualquer possibilidade de mudança, o que conduz ao quietismo político; (c) a *teoria tradicional* está intimamente relacionada e é fator de sustentação da dominação tecnológica na sociedade tecnocrática que vivemos.

Descrição do sentido antinômico dos conceitos de gestão estratégica *e* gestão social *assim como de* cidadania deliberativa

Os frankfurteanos da primeira geração vêem o fenômeno da racionalidade instrumental como um fato inibidor da emancipação do homem quer nos espaços reservados à cultura, no qual eles analisaram o fenômeno da indústria cultural, quer nos espaços reservados à produção, que eles perceberam como sendo a tecnificação ou unidimensionalização do homem.

Seguindo a trilha aberta por Max Weber e Karl Mannheim, os frankfurteanos criticam a razão instrumental por enfatizar os meios mais do que a coordenação entre meios e fins, o que significa dizer também que o valor dos fins é determinado pelo valor operacional dos meios. Para este tipo de razão, uma idéia, um conceito ou uma teoria não passam de um esquema ou plano de ação na qual a probabilidade e a calculabilidade são suas noções-chave. Por conseguinte, a verdade não passa do êxito de uma idéia sobre outra.

Habermas, da segunda geração frankfurteana, concorda que a razão instrumental dificulta a autonomia social dos indivíduos à medida que o mundo da vida,[2] substância estruturante da razão da pessoa humana, é submetido à razão funcional através de ações estratégicas.

---

[2] Os componentes estruturais do *mundo da vida* são: a cultura (conhecimento), a sociedade (ordem legítima) e a personalidade (identidade individual). "Chamo *cultura* ao acervo de saber, em que os participantes na comunicação se abastecem de interpretações para entender-se sobre algo no mundo. Chamo *sociedade* as ordenações legítimas através das quais os participantes na interação regulam suas pertinências a grupos sociais, assegurando com isso a solidariedade. E por *personalidade* entendo as competências que permitem a um sujeito ser capaz de linguagem e de ação, isto é, que o capacitam a tomar parte no processo de entendimento e para afirmar neles sua própria identidade" (Habermas, 1987b, Vol. II, p. 196).

Apesar dessa concordância, Habermas não advoga o pessimismo crítico dos seus antecessores que não viam uma saída para o homem sob a razão técnica. Para fazer frente a este tipo de razão, mas sem perder de vista as conseqüências do progresso científico-técnico, este pensador alemão propõe um paradigma teórico-social que implemente a razão a partir do consenso alcançado por uma ação social do tipo comunicativa, ao invés de uma ação social do tipo estratégica.

A proposta de Habermas foi de elaborar uma teoria da sociedade com intenção prática a partir de duas perspectivas: "investigar, por uma parte, o contexto histórico de constituição de uma situação de interesse a que pertence a teoria, por assim dizer, através do ato do conhecimento; e, por outra parte, investigar o contexto histórico de ação sobre o qual a teoria pode exercer uma influência que oriente a ação. Em um caso se trata da *práxis* social que enquanto síntese social torna possível o conhecimento; no outro, de uma *práxis* política que conscientemente aspira a subverter o sistema de instituições existentes" (Habermas, 1987b, p. 13-14).

O objetivo de Habermas é, portanto, desenvolver uma teoria que, diferente da *teoria tradicional*, positivista, denunciada por Horkheimer, permita uma *práxis* social voltada para um conhecimento reflexivo e uma *práxis* política que questione as estruturas sócio-político-econômicas existentes. A intenção é propor uma teoria que livre o homem dos dogmatismos e que contribua para a sua emancipação. Este projeto pode ser compreendido a partir da seguinte advertência:

> As leis da auto-reprodução exigem de uma sociedade (...), se pretende sobreviver, em uma escala de domínio técnico sobre a natureza constantemente ampliado e de uma administração dos homens e suas relações mútuas cada vez mais refinada no plano

da organização social. Neste sistema, a ciência, a técnica, a indústria e a administração fundem-se em um processo circular. Neste caso a relação entre teoria e *práxis* não conserva outra validez que a utilização instrumental de técnicas garantidas pela ciência empírica. A potência social das ciências fica reduzida ao poder da disposição técnica; já não se tem em conta a sua potencialidade de ação ilustrada. As ciências empírico-analíticas geram recomendações técnicas, porém não dão resposta a questões práticas. (Habermas, 1987b, p. 289).

A reconstrução por Habermas da perspectiva marxista da história do gênero humano foi importante para a formulação do seu conceito de racionalidade comunicativa à medida que é a partir dessa análise da evolução da reprodução da espécie humana que a linguagem, e não só o trabalho, passa a ser também elemento dessa evolução. Enquanto a hierarquia dos primatas é unidimensional, na qual cada indivíduo pode ocupar um mesmo *status* em cada esfera funcional, a hierarquia do *homo sapiens*, fundamenta-se no reconhecimento intersubjetivo (comunicativo) de expectativas de comportamento, através de papéis sociais possíveis. A intenção de Habermas é mostrar os problemas gerados pela racionalização da sociedade, por meio do conceito de ação social. Conceito que Habermas desenvolve a partir da seguinte tipologia: teleológica, estratégica, normativa, dramatúrgica e comunicativa.[3]

---

[3] *Ação teleológica*: "o ator realiza um fim ou faz com que se produza um estado de coisas desejado elegendo, em uma situação dada, os meios mais congruentes e aplicando-os de maneira adequada. O conceito central é o de uma decisão entre alternativas de ação, endereçada a realização de um propósito, dirigida por máximas e apoiada em uma interpretação da situação" (Habermas, 1987b, Vol. I, p. 122).

Ação estratégica: "a *ação teleológica* se amplia e se converte em ação estratégica quando no cáculo que o ator faz de seu êxito intervém a expectativa de decisões de ao menos outro ator que também atua com vistas a realização de seus próprios propósitos. Este

Ação teleológica é aquela cuja racionalidade de meios é projetada por uma pessoa para alcançar um objetivo. No entanto, ela será estratégica ou teleológica-estratégica, quando a decisão ou comportamento de pelo menos um indivíduo é afetada pelo cálculo da relação meio-fim. Numa *ação estratégica* os atores se relacionam uns com os outros, vendo-os como meios ou impedimentos para a realização de seus objetivos. Já em uma *ação normativa*, os atores desenvolvem a ação de acordo com as normas e valores compartilhados pelo grupo ao qual são submetidos os interesses pessoais. No processo de *ação dramatúrgica* o ator se posiciona, apresenta-se perante os outros como uma personagem, procurando projetar uma imagem. Finalmente, a *ação comunicativa*, a ação social mais importante na perspectiva habermaseana, é aquela em que duas ou mais pessoas procuram chegar à *razão*, ao entendimento sobre determinado objetivo.

---

modelo de ação é interpretado de forma estritamente utilitarista; então se supõe que o ator eleja e calcule meios e fins desde o ponto de vista da maximização da utilidade ou de expectativas de utilidade" (Habermas, 1987b, Vol. I, p. 123).

Ação normativa: é o comportamento não de um ator solitário frente a outros atores mas perante os "membros de um grupo social que orientam sua ação por valores comuns. O ator particular observa uma norma (ou a viola) tão logo em uma dada situação estão presentes as condições a que a norma se aplica. As normas expressam um acordo existente em um grupo social" (Habermas, 1987b, Vol. I, p. 123).

Ação dramatúrgica: "não faz referência primariamente nem a um ator solitário nem ao membro de um grupo social, mas sim a participantes em uma interação que constituem uns para os outros um público ante o qual se põem a si mesmos em cena. O ator suscita em seu público uma determinada imagem, uma determinada impressão de si mesmo, ao revelar ao menos de propósito sua própria subjetividade" (Habermas, 1987b, Vol. I, p. 124).

Ação comunicativa: "se refere a interação de ao menos dois sujeitos capazes de linguagem e de ação que (já seja com meios verbais ou com meios extra-verbais) entabulam uma relação interpessoal. Os atores buscam entender-se sobre uma situação de ação para poder assim coordenar de comum acordo seus planos de ação e com ele suas ações. O conceito aqui central é o de *interpretação*, se refere primordialmente a negociação de definições da situação susceptível de consenso" (Habermas, 1987b, Vol. I, p. 124).

À semelhança dos seus protótipos weberianos, estes cinco conceitos de ação social interagem. Eles podem ocorrer simultaneamente entre diferentes atores nos seus distintos níveis de decisão e execução. Mas, para efeito deste ensaio, optamos por trabalhar o conceito de *ação estratégica* em oposição ao de *ação comunicativa* por três motivos: 1) porque a *ação estratégica*, como afirma o próprio Habermas, amplia o conceito de *ação teleológica* "quando no cálculo que o ator faz de seu êxito intervém a expectativa de decisões de ao menos outro ator que também atua com vistas a realização de seus próprios propósitos. Este modelo de ação é interpretado de forma estritamente utilitarista; então se supõe que o ator eleja e calcule meios e fins do ponto de vista da maximização da utilidade ou de expectativas de utilidade" (Habermas, 1987b, Vol. I, p. 123); 2) porque as *ações* do tipo *normativo* e *dramatúrgico*, quando ocorrem dentro dos sistemas sociais organizados, se dão sob o imperativo categórico da razão funcional implementada através de ações orientadas para o futuro, portanto, do cálculo-de-meios-e-fins do ponto de vista da maximização da utilidade ou de expectativas de utilidade. Assim a expressão *ação estratégica* – ação racional voltada para o êxito, será antitética à *ação comunicativa* – ação racional voltada para o entendimento. Tipologias de ação que contribuirão para originar os conceitos de *gestão estratégica* e *gestão social*.

1) *Gestão estratégica* é um tipo de ação social utilitarista, fundada no cálculo de meios e fins e implementada através da interação de duas ou mais pessoas na qual uma delas tem autoridade formal sobre a(s) outra(s). Por extensão, este tipo de ação gerencial é aquele no qual o sistema-empresa determina as suas condições de funcionamento e o Estado se impõe sobre a sociedade. É uma com-

binação de competência técnica com atribuição hierárquica, o que produz a substância do comportamento tecnocrático. Por comportamento tecnocrático, entendemos toda ação social implementada sob a hegemonia do poder técnico ou tecno-burocrático, que se manifesta tanto no setor público quanto no privado, fenômeno comum às sociedades contemporâneas.

Partindo do princípio de que o comportamento tecnocrático desenvolve-se exclusivamente a partir de ações técnicas, como concepção geral, a tecnocracia desenvolve-se a partir das seguintes suposições: a) o Estado, a sociedade e as organizações são sistemas técnicos ou, simplesmente, são sistemas no sentido genérico que a expressão adquiriu[4]; b) conseqüentemente, de maneira mais latente ou mais manifesta, tais "sistemas" são configurados e orientados segundo os princípios e os objetivos próprios da razão técnica (instrumental), a qual chega a identificar-se com a razão política ou até com a razão de uma maneira geral; c) os conhecimentos adequados à configuração e direção do Estado, do sistema político e das organizações, de acordo com a razão técnica, são proporcionados por disciplinas setoriais ou multisetoriais, cujas conclusões são válidas e aplicáveis a diferentes sistemas; d) para cada problema, existe a solução ótima, *the best one way*, perante a qual não há discrepância razoável, o que, se é certo, excluiria os antagonismos ideológicos ou de interesses; o que conduz à e) absorção ou adaptação da estrutura político-institucional às exigências estruturais da razão técnica; e f) sua operação desenvolve-se através de um modelo.

---
[4] Daí porque empregamos, propositalmente, os termos *sistemas-governo* e *sistemas-empresa*.

O modelo, conforme o qual uma reconstrução planejada da sociedade deve ser feita, é tirado da análise de sistemas. É possível, conceber e analisar empresas e organizações singulares, mas também sistemas parciais políticos ou econômicos e sistemas sociais no seu todo, segundo o esquema dos sistemas auto-regulados. Sem dúvida faz diferença usar um quadro de referência cibernético para fins analíticos ou *instalar* um sistema social dado segundo esse esquema, enquanto sistema-homem-máquina. (...) Quando seguimos essa intenção de auto-estabilização de sistemas sociais, análoga a dos instintos, surge uma perspectiva peculiar, segundo a qual a estrutura de um dos dois tipos de ação, a saber, a esfera de funções do agir racional-com-respeito-a-fins não só se torna preponderante face à contextura institucional, como também absorve pouco a pouco o agir comunicativo como tal (Habermas, 1975, p. 322) (Grifos do autor).

Apesar desta caracterização dos modelos fundamentados na análise de sistemas não configurarem uma realidade, ainda assim ela assinala certas tendências orientadas para interesses técnicos antes que sociais. Assim, vista dessa perspectiva, a tecnocracia é um fenômeno elitista que resulta da projeção da racionalidade instrumental sobre a gestão do Estado e/ou organização sob a epistemologia da *teoria tradicional*. Por utilizar da ação gerencial do tipo monológica, ela é autoritária à medida que substitui a idéia de associação de indivíduos livres e iguais, pela idéia de uma sociedade isenta de sujeitos. Na gestão estatal, a tecnoburocracia torna-se antidemocrática à medida que não valoriza o exercício da cidadania nos processos das políticas públicas e, na gestão empresarial, quando não estimula a participação do trabalhador no processo decisório do *sistema-empresa*.

2) *Gestão social* contrapõe-se à *gestão estratégica* à medida que tenta substituir a gestão tecnoburocrática, monológica, por um gerenciamento mais participativo, dialógico, no qual o processo decisório

é exercido por meio de diferentes sujeitos sociais. E uma ação dialógica desenvolve-se segundo os pressupostos do agir comunicativo,

> ... quando os atores tratam de harmonizar internamente seus planos de ação e de só perseguir suas respectivas metas sob a condição de um acordo existente ou a se negociar sobre a situação e as conseqüências esperadas. (...) o modelo estratégico da ação pode se satisfazer com a descrição de estruturas do agir imediatamente orientado para o sucesso, ao passo que o modelo do agir orientado para o entendimento mútuo tem que especificar condições para um acordo alcançado comunicativamente sob as quais Alter pode integrar suas ações às do Ego (Habermas, 1989, p. 165)

Sob este novo paradigma – racionalidade comunicativa – em uma ação social, somente pode ser considerado capaz de responder pelos seus atos aquele que seja capaz, como membro de uma comunidade de comunicação, de orientar sua ação com pretensões de validade[5] intersubjetivamente reconhecidas.

Portanto, no contexto da *gestão social* orientada pela racionalidade comunicativa, os atores, ao fazerem suas propostas, não podem impor suas pretensões de validade sem que haja um acordo alcançado comunicativamente no qual todos os participantes exponham suas ar-

---

[5] Um ator social que orienta suas ações para o entendimento tem que propor explicitamente "três pretensões de validade: – de que o enunciado que faz é verdadeiro (ou de que em efeito se cumprem as condições de existência do conteúdo proposicional quando este não se afirma mas somente se 'menciona'); – de que o ato de fala é correto em relação com o contexto normativo vigente (ou de que o próprio contexto normativo em cumprimento do qual esse ato se executa, é legítimo), e – de que a intenção expressada pela pessoa que fala coincide realmente com o que pensa" (Habermas, 1987b, Vol. I, p. 144).

gumentações.⁶ Existe argumento quando os requisitos de validade se tornam explícitos em termos de até que ponto podem ser oferecidas boas razões para eles em lugar da coação ou força. Estes argumentos são expostos através da *razão*, do conhecimento portanto, discursivamente. Quem fala expõe suas idéias de maneira racional e quem ouve reage tomando posições motivadas também pela razão. "A argumentação não é um processo de decisão que acabe em *resoluções*, mas sim um procedimento de solução de problemas que conduza a *convicções*" (Habermas, 1991, p. 180).

No processo de *gestão social*, acorde com o agir comunicativo – dialógico, a verdade só existe se todos os participantes da ação social admitem sua validade, isto é, verdade é a promessa de consenso racional ou, a verdade não é uma relação entre o indivíduo e a sua percepção do mundo, mas sim um acordo alcançado por meio da discussão crítica, da apreciação intersubjetiva. Enquanto no processo de *gestão estratégica*, harmônico com o agir estratégico, monológico, uma pessoa atua sobre outra(s) para influenciar a continuação intencional de uma interação – neste tipo de ação a linguagem é utilizada apenas como meio para transmitir informações; sob uma ação comunicativa, dialógica, um indivíduo procura motivar racionalmente um outro(s) para que este concorde com sua proposição – neste tipo de ação a linguagem atua como uma fonte de integração social.

---

⁶ "Chamo *argumentação* ao tipo de fala no qual os participantes tematizam as pretensões de validade que sejam duvidosas e tratam de implementá-las ou de recusá-las por meio de argumentos. Uma *argumentação* contem razões que estão conectadas de forma sistemática com a *pretensão de validade* da manifestação ou emissão problematizada. A força de uma argumentação se mede em um contexto dado pela pertinência das razões" (Habermas, 1987b, Vol. I, p. 37).

Dizer que alguém está atuando racionalmente ou que um enunciado é racional, é como dizer que a ação ou o enunciado pode ser criticado pela pessoa ou pessoas implicadas, de tal modo que estas possam justificá-las ou fundamentá-las. Neste tipo de ação social, as pessoas envolvidas entram em acordo para coordenar seus planos de ação, no qual o ajuste alcançado é avaliado pelo reconhecimento intersubjetivo das pretensões de validade do discurso de cada um dos atores envolvidos. Na proposta habermaseana, está presente a questão da liberdade da pessoa humana e de sua responsabilidade social, do exercício da *cidadania*.

3) Para explicar o conceito de *cidadania deliberativa*, conceito com o qual pretendemos relacionar com o de *gestão social*, será necessário entender, através de uma análise comparativa, os conceitos antinômicos de *cidadania liberal* e *republicana*. Para tanto utilizaremos o estudo de Habermas *Três Modelos Normativos de Democracia*. Este estudo tem início com o significado de *ação política* e que caracterizaria, de acordo com a análise habermaseana, a diferença entre estes "enfoques rivais" no processo democrático.[7]

"Segundo a *concepção liberal* o processo democrático cumpre a tarefa de programar o Estado no interesse da sociedade, entendendo-se o Estado como o aparato de administração pública e a sociedade como o sistema, estruturado em termos de uma economia de mercado, de relações entre pessoas privadas e do seu trabalho social. A política (no sentido da formação política da vontade dos cidadãos)

---

[7] Na edição do texto anteriormente referido, o conceito de *ação política* sob o enfoque *liberal* e *republicano*, é descrito por J. Habermas em um só parágrafo. Aqui, com o intuito de enfatizar a diferença, os descrevemos como fossem dois parágrafos.

tem a função de agregar e impor os interesses sociais privados perante um aparato estatal especializado no emprego administrativo do poder político para garantir fins coletivos (Habermas, 1995, p. 39)."

"Segundo a *concepção republicana* a política não se esgota nessa função de mediação. Ela é um elemento constitutivo do processo de formação da sociedade como um todo. A política é entendida como uma forma de reflexão de um complexo de vida ético (no sentido de Hegel). Ela constitui o meio em que os membros de comunidades solidárias, de caráter mais ou menos natural, se dão conta de sua dependência recíproca, e, com vontade e consciência, levam adiante essas relações de reconhecimento recíproco em que se encontram, transformando-as em uma associação de portadores de direitos livres e iguais (Habermas, 1995, p. 39-40)."

A conseqüência dessa análise do processo político são as duas formas de cidadão daí resultantes. O conceito de *cidadão* na perspectiva *liberal* é definido em função dos "direitos subjetivos que eles têm diante do Estado e dos demais cidadãos (...) em prol de seus interesses privados dentro dos limites estabelecidos pelas leis" (Habermas, 1995, p. 40). Já sob o conceito *republicano*, o *cidadão* não é aquele que usa a liberdade só para desempenho como pessoa privada, mas tem na participação uma prática comum "cujo exercício é o que permite aos cidadãos se converterem no que querem ser: atores políticos responsáveis de uma comunidade de pessoas livres e iguais", já que se espera dos cidadãos "muito mais do que meramente orientarem-se por seus interesses privados" (Habermas, 1995, p. 41).[8]

---

[8] Habermas aponta a vantagem e a desvantagem do modelo republicano: "A vantagem, vejo-a em que se atém ao sentido democrata radical de uma auto-organização da sociedade por cidadãos unidos comunicativamente, e em não fazer com que os fins coletivos sejam derivados somente de um arranjo entre interesses privados conflitantes. Vejo sua desvantagem no idealismo excessivo que há em tornar o processo democrático dependente das virtudes de cidadãos orientados para o bem comum" (Habermas, 1995, p. 44).

A esta análise comparativa, Habermas vai acrescentar uma outra maneira conclusiva do significado de cidadão: *o modelo da deliberação*. Proposta que Habermas "gostaria de defender" pois apóia-se "nas condições de comunicação" e que "renova-se na rememoração ritual do ato de fundação republicana (Habermas, 1995, p. 45-46)", concepção de cidadania que está assentada no significado de racionalidade comunicativa. E é sob esta concepção *deliberativa* que também nos apoiamos para defender a necessidade de uma ação gerencial voltada para o entendimento, de um consenso alcançado argumentativamente, de uma verdadeira *gestão social*.

> Conforme essa concepção [*cidadania deliberativa*] a razão prática se afastaria dos direitos universais do homem (liberalismo) ou da eticidade concreta de uma determinada comunidade (comunitarismo) para se situar naquelas normas de discurso e de formas de argumentação que retiram seu conteúdo normativo do fundamento da validade da ação orientada para o entendimento, e, em última instância, portanto, da própria estrutura da comunicação lingüística (Habermas, 1995, p. 46).

Portanto, esta concepção de *cidadania* tem relação com o conceito de *gestão social* por nós desejado, à medida que ela é entendida como uma *ação política deliberativa*, na qual o indivíduo deve participar de um procedimento democrático decidindo, nas diferentes instâncias de uma sociedade e em diferentes papéis, o seu destino social como pessoa humana quer como eleitor, trabalhador ou consumidor, ou seja, a sua autodeterminação não se dá sob a lógica do mercado mas da democracia social: igualdade política e decisória.

Do ponto de vista da relação *trabalho-capital*, a ação gerencial voltada para o entendimento – *gestão social*, a *cidadania deliberativa* ocorre quando o trabalhador, ao tomar consciência de seu papel como sujeito e não coadjuvante social, isto é, tendo conhecimento do conteúdo social, interativo, de suas ações no trabalho, passa a reivindicar não somente maiores ganhos salariais e/ou melhores condições de trabalho como também participar do processo de tomada de decisão no *sistema-empresa*.

Na relação *Sociedade-Estado*, a ação gerencial dialógica – *gestão social*, a *cidadania deliberativa* sugere que a pessoa humana ao tomar ciência de sua função como sujeito social e não adjunto, ou seja, tendo conhecimento da substância social do seu papel na organização da sociedade, deve atuar não somente como contribuinte, eleitor, mas com uma presença ativa e solidária nos destinos de sua comunidade. Ainda sob esta relação, um dos enclaves que tem atuado contemporaneamente é o denominado *terceiro setor* que pode ser o espaço da sociedade civil, o *locus* privilegiado da integração social, da intersubjetividade pleiteada por uma gestão mais solidária.

O terceiro setor *como alternativa de* gestão social

Nos últimos anos, o denominado *terceiro setor* tem sido apontado como uma saída para muitos dos problemas sociais que agudizam a sociedade contemporânea. Os *sistemas-governo* com suas perspectivas de Estado-mínimo assim como os *sistemas-empresa*, estabelecendo estratégias de ação social, ora propõem parcerias, ora deixam por conta do *terceiro setor* a responsabilidade para atender as deficiências sociais. No entanto, à semelhança das preocupações anteriores com o uso e abuso do tema *gestão social*, procuraremos neste penúltimo item anunciar outra inquietação: o processo de gestão do *terceiro setor* não pode também estar sendo pautado pela lógica do mercado – da *gestão estratégica* ao invés da lógica da solidariedade comunitária – da *gestão social*?

O *terceiro setor* diferencia-se do *primeiro setor*[9] e do *segundo setor*[10], à medida que desenvolve atividades públicas através de associações profissionais, associações voluntárias, entidades de classe, fundações privadas, instituições filantrópicas, movimentos sociais organizados, organizações não-governamentais e demais organizações assistenciais ou caritativas da sociedade civil. Seis são as condições que definem uma organização do *terceiro setor*:

> (i) estruturadas; (ii) localizadas fora do aparato formal do Estado; (iii) que não se destinam a distribuir lucros auferidos com suas atividades entre os seus diretores ou entre um conjunto de acionistas; (iv) autogovernadas; (v) que envolvem indivíduos num significativo esforço voluntário; e (vi) que produzem bens e/ou serviços de uso coletivo (IPEA/PNUD, 1996, p. 146).

A origem destas organizações foi fundada sob uma possibilidade de coordenação de meios e fins, isto é, de ações sociais nas quais são privilegiados o processo, a maneira de alcançar os objetivos desejados por meio de relações intersubjetivas no qual o bem comum é o mote central dessas relações. O desempenho gerencial esperado dessas organizações é o de *gestão social* ao invés de *estratégica* a fim de neutralizar as conseqüências não desejadas do mercado.

No entanto, com a crise econômico-financeira que tem constrangido as ações do Estado assim como dos *sistemas-empresa*, faz com que o processo de ordenamento e/ou ajustamento das questões sociais, fiquem aquém das reais necessidades de uma sociedade com

---

[9] *Primeiro setor* (setor público), conjunto das organizações e propriedades urbanas e rurais pertencentes ao Estado.

[10] *Segundo setor* (setor privado), conjunto das empresas particulares e propriedades urbanas e rurais pertencentes a pessoas físicas ou jurídicas e fora do controle do Estado.

justiça social à medida que pobreza e desemprego, são portadores endêmicos da "saúde social" de um país. E, atribuir às organizações do *terceiro setor* parte substantiva na solução de problemas estruturais, é correr o risco de transformá-las de entes públicos não-governamentais para entes públicos com necessidades de desempenho de mercado.

Sob uma perspectiva macro, a deficiência gerencial na implementação de políticas públicas agravado pela escassez crônica de recursos financeiros, fomenta o caráter competitivo das organizações do *terceiro setor* já que elas tem de concorrer por recursos junto ao *primeiro* e/ou ao *segundo setor*. Sob um enfoque micro, esta demanda por recursos pode provocar também o distanciamento de sua maneira de atuar com as questões sociais, de um gerenciamento centrado na intersubjetividade da pessoa humana para aquele determinado pelo cálculo egocêntrico de meios e fins. Adiciona-se a isto o fato que estas organizações da sociedade civil na ânsia de "profissionalizarem-se", na "luta pela sobrevivência", passem a utilizar os mesmos mecanismos gerenciais daqueles empregados pelo setor privado nos seus processos de tomada de decisão.

Esta preocupação não significa desprezar, ingenuamente, as tecnologias gerenciais oriundas do *primeiro setor* quanto a políticas públicas e as do *segundo setor* quanto a produtividade, mas reconstruir, criticamente, a racionalidade de mercado de origem exclusivamente instrumental, apolítica, em prol de uma racionalidade que promova, politicamente, a intersubjetividade deliberativa das pessoas alicerçada no potencial do sujeito social soberano na sociedade, isto é, na *cidadania*.

Conclusão

Ter o indivíduo como o sujeito privilegiado de vocalização daquilo que interessa à *Sociedade* nas demandas ao *Estado* e daquilo que interessa ao *trabalhador* na interação com o *capital*, significa mudar a natureza dessas relações, quer dizer, passar de condições monológicas, tecnoburocráticas e autoritárias para situações dialógicas, democráticas e intersubjetivas, do exercício da *cidadania*.

Portanto, a epistemologia de desenvolvimento da *gestão social* não pode ser pautada por mecanismos de mercado que orientam a *gestão estratégica* informada pelas teorias tradicionais. E isto deve se dar não só no processo de compreensão da ação social, mas também pela maneira como este conhecimento é transmitido. Sob o enfoque da teoria tradicional, é comum encontrar treinamentos sobre *gestão social* subordinados a esquemas virtuais que nunca se tornarão efetivos à medida que seus conteúdos são coerentes com a lógica de mercado que objetivam atingir o *adversariu* ao invés do *politicu*, do bem comum.

Esquemas virtuais que não tem conexão com a realidade, com as deficiências sociais da sociedade mas de compromisso com a sobrevivência do estamento tecnoburocrático no qual o cidadão é um dado – *input* das estatísticas dos *sistemas-governo*. Fenômeno também observado nas relações de organização da produção e do trabalho aonde o *trabalhador* é "processado" como um "recurso" – *insumo* dos *sistemas-empresa*. Viés que também pode ocorrer nas organizações do chamado *terceiro setor*.

É possível reverter este estado da arte no entendimento e significado da *gestão social*? Um dos elementos conceituais possíveis é aquele apontado pela teoria crítica frankfurteana, especificamente da proposta teórico-social habermaseana, de reconstrução do conhecimento de maneira intersubjetiva, aceitando, necessariamente, que o conhecimento e a decisão é um produto social e não exclusivamente originado da onisciência acadêmica, bem como daquela praticada pela tecnocracia quer nas relações *trabalho-capital* quer na interação *Sociedade-Estado*.

No campo das relações *trabalho-capital* a epistemologia da *gestão social* se manifesta quando, por exemplo, um dado agente econômico pretende implantar um processo de *automação flexível* em substituição a um *rígido*. Neste caso, o processo de gestão será *dialógico* se tal decisão for submetida à coordenação intersubjetiva de saberes (tácitos ou não) entre os diversos sujeitos sociais envolvidos – empregados-patrões, subordinados-superiores.

Na relação *Sociedade-Estado* a *gestão social* se efetiva quando os governos institucionalizam modos de elaboração de políticas públicas que não se refiram ao cidadão como "alvo", "meta", "cliente" de suas ações ou, quando muito, avaliadores de resultados mas sim como participantes ativos no processo de elaboração dessas políticas. Processo que deve ocorrer desde a identificação do problema, durante o planejamento de sua solução, acompanhamento da execução até a avaliação do impacto social efetivamente alcançado.

Estas intenções *dialógicas* não se configuram em "assembleísmo" e/ou populismo. Estudos do Pegs identificados no seu banco de dados, pesquisas e transferência de tecnologia social, apontam a existência de possibilidades da *cidadania deliberativa* se fazer presente na relação com o *Estado*, com o *capital* e com as demais organizações públicas da sociedade civil. Apesar dessas possibilidades ainda não serem extensivas a sociedade como um todo, já é uma realidade constitucional em alguns casos, de prática empresarial em outros, assim como de ações lideradas por movimentos sociais organizados.

O fundamento epistemológico da *gestão social* deve ser oposto àquele da *teoria tradicional*, enfoque teórico que fundamenta a *gestão estratégica*-monológica, como os sistemas-empresa estão para o mercado. Ao contrário, a base epistemológica da *gestão social* deve ser a intersubjetividade-dialogicidade, como a política, como o bem comum, contemplando o envolvimento da *cidadania* no espaço público e do *trabalhador* no espaço privado. Assim, *gestão social* é o processo intersubjetivo que preside a ação da *cidadania* tanto na esfera privada quanto na esfera pública.

Referências

GEUSS, Raymond. *Teoria crítica*: Habermas e a Escola de Frankfurt. Campinas: Papirus, 1988.

HABERMAS, Jürgen et al. *Textos escolhidos*. São Paulo: Abril Cultural, 1975. (Coleção *Os pensadores*.)

_____. "Três Modelos Normativos de Democracia" In: *Lua Nova – revista de cultura e política*. São Paulo: Centro de Estudos de Cultura Contemporânea, 1995, n. 36, p. 39-53.

_____. *La necesidad de revisión de la izquierda*. Madrid: Tecnos, 1991.

_____. *Teoria de la acción comunicativa*: complementos y estudios previos. Madrid: Catedra, 1989.

HABERMAS, Jürgen et al. *Teoria de la acción comunicativa*: racionalidad de la acción y racionalización social (Vol. I); crítica de la razón funcionalista (Vol. II). Madrid: Taurus, 1987.

_____. *Teoria y práxis*: estudios de filosofia social. Madrid: Editorial Tecnos, 1987.

HORKHEIMER, Max et al. *Os Pensadores*. São Paulo: Editora Abril Cultural, vol. XLVIII, 1975. (Textos Escolhidos)

HORKHEIMER, Max. *Teoria crítica I*. São Paulo: Perspectiva-Edusp, 1990.

IPEA/PNUD. *Relatório sobre o desenvolvimento humano no Brasil*. Rio de Janeiro: IPEA; Brasília: PNUD, 1996.

TENÓRIO, Fernando Guilherme. (Coord. Pesquisa). *Banco de dados sobre relações trabalho-capital e Sociedade-Estado*. Rio de Janeiro: Conselho Nacional de Pesquisa – CNPq/Pegs/Ebape/FGV, desde setembro de 1997.

_____. (Coord. Pesquisa). *Participação cidadã na gestão pública:* práticas e representações sociais. (Estudo comparativo entre Argentina, Brasil, Chile, Paraguay e Uruguay). Rio de Janeiro: Pegs/Ebape/FGV, desde jun./1997.

_____. (Coord.). *"Escritório Modelo de Gestão de Projetos Comunitários:* uma experiência em gestão social." CONGRESSO DE ÉTICA, NEGÓCIOS E ECONOMIA NA AMÉRICA LATINA, 1., 1998, São Paulo. *Anais...* São Paulo, Cene/Eaesp/FGV, maio/98.

_____. (Coord.). *Gestão de Ongs*: principais funções gerenciais. Rio de Janeiro: FGV Editora, 1997.

TENÓRIO, Fernando Guilherme (Coord.). O trabalho numa perspectiva teórico-crítica: um exercício conceitual. In: *Organizações & Sociedade*. Salvador: EAUFBA, v. 4, n.10, set./dez./97.

TENÓRIO, Fernando Guilherme. "Cidadania e trabalho." CONAMERCO – CONGRESSO DE ADMINISTRAÇÃO DO MERCOSUL, 5., 1998, Rio de Janeiro. *Anais...* Rio de Janeiro: CRA-Rio, ago./98.

_____. "Superando a ingenuidade: minha dívida a Guerreiro Ramos." In: *Revista de Administração Pública*. Rio de Janeiro: FGV/Ebape, vol. 31, n. 5, set./out./97.

_____. Boletins PEGS In: *Revista de Administração Pública*. Rio de Janeiro: Ebape/FGV. (vários números).

_____. *Flexibilização organizacional, mito ou realidade?* (...). Rio de Janeiro: Coppe/UFRJ, vol. I e II, 1996. (Tese de Doutorado).

_____. Gestão Social: uma perspectiva conceitual. In: *Revista de Administração Pública*. Rio de Janeiro: EBAPE/FGV, vol. 32, n.5, set./out./ 1998a, p. 7-23.

_____. *Relatório de Produção do PEGS*. Rio de Janeiro: Pegs/Ebape/FGV, 1998.

_____; CUNHA, Augusto P. G. "Gestão Pública e Cidadania: Metodologias Participativas em Ação." In: *Cadernos Gestão Pública e Cidadania*. São Paulo: Eaesp/FGV, Vol. 7, 1998. (B)

_____; ROZENBERG, Jacob E. "Gestão Pública e Cidadania: Metodologias Participativas em Ação." In: *Cadernos Gestão Pública e Cidadania*. São Paulo: Eaesp/FGV, Vol. 7, 1997. (A)

II

Um Espectro Ronda o Terceiro Setor: o espectro do mercado[1]

> Esta Coisa que não é uma coisa, essa Coisa invisível entre seus aparecimentos, não a veremos mais em carne e osso quando ela reaparecer. Esta Coisa olha para nós, no entanto, e vê-nos não vê-la mesmo quando ela está aí. Uma dissimetria espectral interrompe aqui toda especularidade. Ela dissincroniza, faz-nos voltar à anacronia. A isto chamaremos *efeito de visera*: não vemos quem nos olha (Derrida, 1994, p. 22).

Introdução

Dois são os objetivos do presente ensaio: a) dar continuidade ao trabalho publicado sob o título *Gestão social: uma perspectiva conceitual* (Tenório, 1998b, p. 7-23), no qual fazíamos a distinção entre os conceitos de *gestão estratégica* e *gestão social* e b) ampliar a reflexão, estaria o *terceiro setor*[2] atuando sob a égide da *gestão es-*

---

[1] Originalmente publicado na *Revista de Administração Pública*.

[2] Os outros setores são: *primeiro setor* (setor público) – conjunto das organizações e propriedades urbanas e rurais pertencentes ao Estado; *segundo setor* (setor privado) – conjunto das empresas particulares e propriedades urbanas e rurais pertencentes a pessoas físicas ou jurídicas e fora do controle do Estado (Tenório, 1998, p. 20).

tratégica? Questão esta percebida através de leituras e estudos realizados nos âmbitos do Pegs – Programa de Estudos em Gestão Social[3] que apontam que o determinismo de mercado tende a orientar as ações das organizações que atuam neste *setor*.

Uma observação, que devemos ressaltar ainda, quanto aos objetivos aqui pretendidos, é que não vamos estudar as especificidades organizacionais do *terceiro setor*, nomeadamente aquelas que atuam sob a denominação de *organizações não governamentais* (ONGs), que são as que mais se tem destacado nos espaços da sociedade civil organizada. A nossa preocupação, enfatizamos, vai ser provocar a reflexão sobre um fenômeno que parece estar submetendo estas e outras formas associativas que atuam sob o "guarda-chuva" do *terceiro setor*, aos cânones do mercado.

A intenção de parafrasear o *Manifesto comunista* de Karl Marx e Friedrich Engels[4] para dar título ao texto, tem a finalidade de assumir que a sua redação tem como referencial conceitual, um pensamento teórico crítico que dê conta de um tema que, originalmente, foi pautado pela busca da justiça social e pelo compromisso com as mudanças sociais determinadas antes pela solidariedade do que pela atuação como agente econômico.

Para tanto, desenvolveremos este ensaio de acordo com a seguinte itemização: Institucionalização – aonde apontaremos, ainda que de forma resumida, elementos que identifiquem o processo de institucionalização do *terceiro setor*; Epistemologia crítica – no qual

---

[3] Pegs – linha de pesquisa desenvolvida na Escola Brasileira de Administração Pública e de Empresas (Ebape) da Fundação Getulio Vargas (FGV).

[4] "Um espectro ronda a Europa: o espectro do comunismo" (Reis Filho, 1998, p. 7).

destacaremos conteúdos conceituais que substanciem uma avaliação não objetificante mas reflexiva do significado do *terceiro setor* enquanto um dos enclaves da sociedade contemporânea.

Institucionalização

O processo de institucionalização do *terceiro setor*[5] tem sido implementado, dos anos 70 aos nossos dias, por meio de uma cronologia e valores societários na promoção de atividades de caráter público, em alguns momentos originais e em outras compensatórias, através da ação de diferentes agentes sociais: associações profissionais e/ou voluntárias, entidades de classe, fundações privadas, instituições filantrópicas, movimentos sociais organizados, ONGs e outras organizações assistenciais ou caritativas da sociedade civil.[6]

Esta classificação está longe de atender ao leque de possibilidades de conformações das organizações que compõem este *setor* à medida que ele atua em diferentes frentes e com diferentes metodologias: defesa de minorias; dos sem terra e moradia; desempregados; saúde individual ou coletiva; defesa de povos indígenas; preservação

---

[5] Este *setor* é também conhecido como *setor sem fins lucrativos, organizações da sociedade civil*. Aqui, no entanto, trabalharemos com a expressão *terceiro setor* em contraste com o *primeiro* e o *segundo*.

[6] Neste conjunto de organizações que atuam sob o espaço do *terceiro setor*, destacam-se as *organizações não-governamentais* (ONGs). Estudo realizado por Rubem Cesar Fernandes sobre a atuação do *terceiro setor* na América Latina aponta que "as ONGs tornaram-se um fenômeno massivo no continente a partir da década de 1970. Cerca de 68% surgiram depois de 1975. Um número significativo (17%) data de 1950 a 1960 e os restantes 15% distribuem-se de maneira regular pelas décadas anteriores" (Fernandes, 1994, p. 69).
Ver também LANDIM, Leilah. *Para Além do Mercado e do Estado? Filantropia e Cidadania no Brasil*.

urbana e do meio-ambiente; desenvolvimento regional; preservação cultural; alfabetização; profissionalização; direitos da cidadania; filantropia empresarial, etc. Não podemos esquecer que nesta complexidade e heterogeneidade dos agentes do *terceiro setor*, estão os *movimentos populares* ou *sociais*.[7]

Rubens Cesar Fernandes comenta que na discussão sobre a denominação *terceiro setor*, existem aqueles que advogam que, na realidade, este *setor* deveria ser o *primeiro* à medida que a "sua antecedência lógica e histórica" prevaleceria sobre o Estado e o capital (Fernandes, 1994, p. 20). Por sua vez as dicotomias organizações "não-lucrativas" *versus* "lucrativas" e "público" *versus* "privado", são também estimuladoras dessa discussão. No primeiro caso, "organizações não-lucrativas", estariam diretamente arrolados órgãos do setor público estatal, a burocracia pública, assim como aquelas organizações como sindicatos, partidos políticos, fundações empresariais por exemplo, que desempenham muitas vezes um papel fundamental na sociedade civil, mas que atuam estrategicamente, desenvolvendo suas ações de maneira calculada e utilitarista. No segundo caso, "público" *versus* "privado", a diferenciação pode ser entendida como na disposição a seguir:

AGENTES		FINS		SETOR
privados	para	privados	=	mercado
públicos	para	públicos	=	Estado
privados	para	públicos	=	*terceiro setor*
públicos	para	privados	=	(corrupção)

Fonte: Fernandes, 1994, p. 20.

---

[7] Estudo compreensivo sobre os *movimentos sociais* pode ser encontrado em: Doimo, Ana Maria, 1995. *A vez e a voz do popular*: movimentos sociais e participação política no Brasil pós-70.

O processo de institucionalização do *terceiro setor* tem sido substanciado não só pelo seu tipo de atuação por meio de entes públicos da sociedade civil organizada mas, também, pela sua tentativa de configuração legal. No Brasil tentativas podem ser observadas desde 1916, ano em que "foi formulada pela primeira vez uma lei para regular essas entidades sem fins lucrativos" (Merege, 1998, p. 131), passando pela Constituição Federal de 1988, leis estaduais e municipais.[8] A Lei nº 9.790 "Dispõe sobre a qualificação de pessoas jurídicas de direito privado, sem fins lucrativos, como Organizações da Sociedade Civil de Interesse Público (...)" – OSCIP – (D. O., 1999, Seção 1)[9], é um exemplo dessa busca de institucionalização do *terceiro setor*. A sua importância está sendo medida, inclusive, pela sua participação no Produto Interno Bruto (PIB) dos países: diz-se que no caso dos EUA este *setor*, no período 1975-1995, alcançou 12,4% do PIB.

> Nos últimos 10 ou 20 anos, o mundo viu crescer a importância de um espaço social difuso entre o Estado e o mercado. Não me refiro aqui à "economia informal", que muitas vezes não passa de um mercado ilegal e brutalizado. Ao contrário, o ter-

---

[8] Dados os objetivos e espaço deste ensaio não descreveremos os distintos institutos legais que procuram regular a emergência deste *setor*. Bibliografia sobre esta temática pode ser encontrada em Oliveira (1997) e Merege (1998).

[9] É a seguinte a qualificação das OSCIP no Art. 3º desta Lei: I – promoção da assistência social; II – promoção da cultura, defesa e conservação do patrimônio histórico e artístico; III – promoção gratuita da educação (...); IV – promoção gratuita da saúde (...); V – promoção da segurança alimentar e nutricional; VI – defesa, preservação e conservação do meio ambiente e promoção do desenvolvimento sustentável; VII – promoção do voluntariado; VIII – promoção do desenvolvimento econômico e social e combate à pobreza; IX – experimentação, não lucrativa, de novos modelos sócio-produtivos e de sistemas alternativos de produção, comércio, emprego e crédito; X – promoção de direitos estabelecidos, construção de novos direitos e assessoria jurídica gratuita de interesse suplementar; XI – promoção da ética, da paz, da cidadania, dos direitos humanos, da democracia e de outros valores universais; XII – estudos e pesquisas, desenvolvimento de tecnologias alternativas, produção e divulgação de informações e conhecimentos técnicos e científicos que digam respeito às atividades mencionadas neste artigo.

ceiro setor é composto da união de inúmeros agrupamentos voluntários, destinados a conter a miséria social e barrar a destruição ecológica. A maioria desses grupos dá grande valor à administração autônoma. No campo prático, eles avançam no terreno abandonado pelo mercado e pelo Estado em virtude da baixa rentabilidade ou da falta de recursos financeiros (Kurz, 1997, p. 152).

O espaço ocupado pelo *terceiro setor* na sociedade deste final de século, frente ao *primeiro* e ao *segundo setores*, tem-se pautado de tamanha relevância, que instituições internacionais de controle e fomento creditício, procuram ou estimulam governos a utilizarem estes agentes sociais como instrumentos de implantação, acompanhamento e avaliação de políticas públicas. Na *Primeira Reunião entre os Chefes de Estado e de Governo da América Latina e Caribe e da União Européia*, realizada no Rio de Janeiro nos dias 28 e 29 de junho de 1999, os chefes de Estado e Governo adotaram 69 itens como resultado desta reunião, entre eles destacamos o de número 21: "Ressaltar a importância da contribuição de novos atores, parceiros e recursos da sociedade civil com o objetivo de consolidar a democracia, o desenvolvimento social e econômico, bem como aprofundar o respeito aos direitos humanos. (...)" (JB, 1999, p. 15).

A importância deste *setor* tem despertado também a ira daqueles que vêm este tipo de agente social como uma provocação ao desequilíbrio do sistema à medida que agentes do *terceiro setor* tem apontado as mazelas da sociedade contemporânea por meio de uma "dimensão" que os diferencia dos demais:

> Essa dimensão diz respeito à maneira como esses movimentos descobriram uma nova compreensão do conhecimento. (...) Em circunstâncias em que os políticos profissionais de todo o es-

pectro político fracassaram, essa dimensão fortalece a importância das organizações cívicas democráticas no local de trabalho, na comunidade e nas relações internacionais como um meio através do qual o conhecimento prático é socializado, a compreensão teórica, escrutinizada e os agentes coletivos da mudança, detendo saber parcial, são forjados (Wainwright, 1998, p. 26-27).

Neste ensaio estamos trabalhando com a concepção que incorpora a segmentação "privado" *versus* "público" porém agregando, nas relações desta dicotomia, a preocupação *com o processo* e não *com os resultado* originados nesta relação. Consideramos portanto como organizações do *terceiro setor* aqueles agentes não-econômicos e não-estatais que procuram atuar, coletiva e formalmente, para o bem-estar de uma comunidade ou sociedade local, sub-regional ou regional, nacional ou internacional. Ação coletiva-formal que pressupõe a democratização de sua maneira de agir visando a emancipação da pessoa humana enquanto sujeito social, sob o exercício da cidadania.

Contudo deve-se observar, de imediato, que este tipo de ação pública não implica, necessariamente, que estes entes *privados, porém públicos*, sejam substitutos do Estado ou que devam preencher as suas ausências. O Estado, principalmente nos países periféricos ou subdesenvolvidos onde as carências sociais são o *modus vivendi* de tais sociedades, tem um papel fundamental na solução dessas necessidades. Como tal o Estado é indispensável podendo, em alguns casos, atuar focalizadamente através das organizações do *terceiro setor*.[10]

---

[10] No momento que este texto está sendo desenvolvido (maio/junho de 1999) discute-se, na agenda política brasileira, as perspectivas *desenvolvimentismo* X *monetarismo*. Acreditamos que esta seja uma discussão acaciana, à medida que a solução das injustiças sociais ainda depende da *mão visível* do Estado.

A "onda" neoliberal do capitalismo global tem produzido insustentabilidade econômica, política e social notadamente nos países do terceiro mundo. Aloizio Mercadante Oliva em artigo denominado *Globalização e desarmamento financeiro*, por exemplo, identifica "três vetores principais" de insustentabilidade provocado pelo modelo da liberalização dos mercados, da desregulamentação da economia e da privatização[11]:

> a) o deslocamento das funções de regulação da economia do Estado para os mercados financeiros – (...);
>
> b) o deslocamento dos organismos de representação da cidadania, em especial dos parlamentos, pelas empresas privadas – (...); e
>
> c) o descrédito da política e de suas instituições e a marginalização dos cidadãos dos processos de decisão econômica e social – (...). (Oliva, 1999, p. 02)

A conclusão que podemos chegar quanto ao processo de institucionalização do *terceiro setor*, é que a sua legitimação tem sido aferida pelo desempenho do *setor* como um dos enclaves centrais e emergentes da sociedade contemporânea. Desempenho observado em diferentes contextos culturais, socioeconômicos e políticos. Sociedades ricas e pobres tem utilizado o *terceiro setor* ora como um catalizador de anseios de determinados segmentos da população, ora para atender necessidades da sociedade como um todo. Em alguns casos, agentes deste *setor* assumem um papel fundamental na conquista de justiça social nas vezes em que, nem o Estado, nem os agentes econômicos tem interesse ou são capazes de promovê-la.

---

[11] Este artigo foi publicado a partir das conclusões do Seminário *Globalização, Democracia e Sustentabilidade*, realizado na Suíça (Celiguy) pelo Instituto Ecumênico do Conselho Mundial de Igrejas.

Epistemologia crítica

Os elementos substantivos que apoiam o desenvolvimento deste item encontram-se já estabelecidos no ensaio *Gestão social: uma perspectiva conceitual* (Tenório, 1998b) no qual estabelecemos, *a priori*, referências de uma teoria crítica para diferenciar os conceito de *gestão estratégica* e *gestão social*. Naquele texto identificávamos as seguintes teses centrais:

> 1. Teorias críticas têm posição especial como guias para a ação humana, visto que:
> a) elas visam produzir esclarecimento entre os agentes que as defendem, isto é, capacitando esses agentes a estipular quais são os seus verdadeiros interesses;
> b) elas são inerentemente emancipatórias, isto é, elas libertam os agentes de um tipo de coerção que é, pelos menos parcialmente, auto-imposta, a autofrustração da ação humana consciente.
> 2. Teorias críticas tem conteúdo cognitivo, isto é, são formas de conhecimento.
> 3. Teorias críticas diferem epistemologicamente das teorias em ciências naturais, de maneira essencial. As teorias em ciências natural são "objetificantes"; as teorias críticas são "reflexivas" (Geuss, apud Tenório, 1998b, p. 8).

O que devemos destacar nesta perspectiva epistemológica, é a necessidade da *práxis* social estar voltada para um conhecimento reflexivo e de uma *práxis* política que questione as estruturas sóciopolítico-econômicas existentes. No enfoque tradicional, objetivante, utilitarista, voltado para o êxito, o conhecimento é antes de tudo um saber dos técnicos aonde o saber tácito ou aquele originado de dado ambiente socioeconômico, não é considerado como tal. Neste caso, o conhecimento, ora transforma-se numa análise ora numa proposição monológica, anódina a realidade. Portanto esta é crítica ao caráter secundário, insignificante da visão tecnocrática, monológica, elitista,

> ... pressupõe uma visão do conhecimento como produto social, distribuído, dotado de valor e apropriado sob formas que são potencialmente transformáveis; e, por sua vez, implica que as possibilidades de mudança social radical e democrática dependem consideravelmente da democratização e socialização da organização do conhecimento. Isto se aplica à sua distribuição tanto no setor estatal quanto ao setor privado, além de no movimento dos trabalhadores e na própria esquerda (Wainwright, 1998, p. 29).

Portanto, especificamente, quanto à reflexão que aqui pretendemos provocar, o *terceiro setor* deve ser estudado e planejado numa perspectiva da emancipação do homem,[12] do cidadão, e não sob o enfoque de "consumidor", "cliente", "meta" ou "alvo" a ser atingido. Enfoque que parece estar assentado no fato de os "sistemas-governo com suas perspectivas de Estado-mínimo assim como os sistemas-empresa, estabelecendo estratégias de ação social, ora propõem parcerias ora deixam por conta do *terceiro setor* a responsabilidade para atender as deficiências sociais" (Tenório, 1998, p. 19), historicamente não atendidas pelo *primeiro* e *segundo setores*.

A maneira de observar a distinção entre o conhecimento, e a sua prática, como produto social antitético daquele que privilegia o saber monológico, tecnocrático, elitista, está na identificação dos espaços sociais sob os quais deveriam ser pautadas as ações do *terceiro setor*;

---

[12] "(...) reafirmar o primado dos princípios éticos constitutivos da democracia: igualdade, liberdade, participação, diversidade e solidariedades humanas. Princípios capazes de mover corações e mentes dos diferentes grupos e setores da sociedade civil" (Grzybowski, 1996, p. 57).

quer seja ele um agente social do tipo associação beneficiente quer uma organização não-governamental. Estes espaços sociais são, à *esfera pública* e *sociedade civil*, privilegiados para o desenvolvimento de uma cidadania autônoma.

"A esfera pública pode ser descrita como uma rede adequada para a comunicação de conteúdos, tomada de posição e *opiniões*; nela os fluxos comunicacionais são filtrados e sintetizados a ponto de se condensarem em opiniões *públicas* enfeixadas em temas específicos" (Habermas, 1997, p. 92) (grifos do autor). O conceito de *esfera pública* pressupõe igualdade de direitos individuais e discussão, sem violência, de problemas através da autoridade negociada. Portanto a *esfera pública* é o espaço intersubjetivo, comunicativo, no qual as pessoas tematizam suas inquietações por meio do entendimento mútuo. Entendimento que se manifesta em um núcleo institucional – *terceiro setor* – que é "formado por associações e organizações livres, não estatais e não econômicas, as quais ancoram as estruturas de comunicação da esfera pública nos componentes sociais do mundo da vida" na sociedade civil (Habermas, 1997, p. 99).

> A sociedade civil compõem-se de movimentos, organizações e associações, os quais captam os ecos dos problemas sociais que ressoam nas esferas privadas, condensam-nos e os transmitem, a seguir, para a esfera pública política. O núcleo da sociedade civil forma uma espécie de associação que institucionaliza os discursos capazes de solucionar problemas, transformando-os em questões de interesse geral no quadro de esferas públicas. (Habermas, 1997, p. 99).

Os conceitos de *esfera pública* e *sociedade civil* são complementares à medida que a primeira tematiza as inquietações de pessoas privadas que as tornam públicas em determinados espaços sociais da segunda. Concretamente as pessoas privadas buscam institucionalizar, através do *terceiro setor*, objetivos que dêem legitimidade as suas pretensões. Contudo a *sociedade civil*, apesar de sua posição assimétrica em relação às possibilidades de intervenção e apesar das limitadas capacidades de elaboração, tem a chance de mobilizar um saber alternativo e de preparar traduções *próprias* (...). O fato de o público ser composto de leigos ... não significa necessariamente um obscurecimento das questões essenciais ou das razões que o levam ou que possam contribuir "a uma decisão" (Habermas, 1997, p. 106).

No entanto, não pode ser atribuída à *sociedade civil* o papel de elaborador da solução dos problemas que afligem determinados espaços socioeconômicos e políticos, à medida que não cabe a ela estabelecer, exclusivamente, a condição do seu bem-estar social. Os problemas de dada estrutura social, econômica e política são, como já observamos, originados pela ausência histórica do *primeiro setor* aliados às indiferenças do *segundo*. Temas como educação, saúde, moradia, emprego, renda, etc., têm sido considerados muito mais como disfunções ou patologias sociais, do que como elementos estruturais das sociedades contemporâneas, principalmente daquelas do mundo periférico.

Os dois primeiros *setores* – *público* e *privado* cresceram, em sociedades subdesenvolvidas, em desarmonia com os anseios de uma sociedade desenvolvida. Mais recentemente com o enfraquecimento do setor público, sob a proposta em curso do "Estado mínimo", a solução encontrada foi "delegar" e/ou "descentralizar" para o setor público não-estatal, a minimização das mazelas sociais corroídas sob um pensamento único, o mercado superando a política. Corrosão que pode ser exemplificada como no caso da expressão "capital social" – capacidade coletiva de mobilização de populações em temas de seus interesses – que é, em si, contraditória à medida que é referenciada pelo valor máximo do mercado – o capital – que "tem a ver com 'fazer' dinheiro, mas os bens que 'fazem' dinheiro encerram uma relação particular entre os que têm dinheiro e os que não o têm, de modo que não só o dinheiro é 'feito', como também as relações de propriedade privada que engendram esse processo (...)" (Bottomore, 1988, p. 44).[13]

Não queremos dizer com isso que cabe ao *segundo setor*, aos agentes econômicos, resolverem as carências da sociedade. O setor privado tem como objetivo o lucro, recuperar o capital investido. Produzir bens e serviços que atendam, eticamente, as demandas mercantis da sociedade é a sua função, é a sua utilidade. Apesar disso, ele tem atuado sob a ótica da responsabilidade social, da também denominada cidadania empresarial, fato que já vem ocorrendo através de algumas empresas que promovem ações filantrópicas, publicam balanço social e outras iniciativas de caráter social, ecológicas etc. A despeito da crítica a este *setor* de que ele atua somente objetivando estratégias de marketing ou de melhoria de sua imagem institucional para vender mais, no Brasil a cidadania empresarial tem atuado através de organizações como o Gife (Grupo de Institutos, Fundações e Empresas), ou do Instituto Ethos de Empresas e Responsabilidade Empresarial.

Segundo dados de pesquisa realizada pelo CEATS-USP (Centro de Estudos em Administração do Terceiro Setor da Universidade de São Paulo), 56% das empresas em operação no Brasil tem investido em programas e atividades de cunho social ou comunitário e na promoção de trabalhos voluntários entre seus funcionários (Seidel, 1999, p. 3-4). No entanto, devemos ser cautelosos quanto à perenidade do *setor privado* em ações voltadas para o social. Quem pode garantir que em época de crise econômica este *setor* manteria investimentos corporativos na área social? Um projeto social seria mantido? Qual o real

---

[13] "Segundo análise do Banco Mundial, existem quatro formas básicas de capital: o natural, constituído pela dotação de recursos naturais com que conta um país; o construído, gerado pelo ser humano que inclui diversas formas de capital: infra-estrutura, bens de capital, financeiro, comercial, etc.; o capital humano, determinado pelos graus de nutrição, saúde e educação de sua população; e o capital social, descobrimento recente das ciências do desenvolvimento" (Kliksberg, 1999, p. 13).

grau de comprometimento que este *setor* manteria com agentes sociais do *terceiro setor*? Portanto, ainda cabe ao *primeiro setor*, principalmente nos países subdesenvolvidos, o compromisso com a solução dos problemas sociais e não apenas desempenhar a função de intermediário entre os anseios da sociedade e do Estado.

A tentativa do Estado de "delegar" e/ou "descentralizar" questões de natureza social para *agentes sociais* da *sociedade civil* corre o risco, sob a atual "onda" (neo)liberal do determinismo de mercado, de transformar entes públicos em entes privados, de ação emancipatória em compensatória, descaracterizando-os para o qual foram originalmente criados, atuar sob valores democráticos e de solidariedade humana.

A questão decisiva é saber se o terceiro setor tem condições de ser um novo paradigma de reprodução social. Para que isso seja possível, ele terá de ir além das simples medidas paliativas ou de urgência, destinadas somente a fazer curativos leves nas feridas abertas pela "mão invisível" do mercado globalizado. Se não houver mais nenhum surto de crescimento econômico, como muitos ainda esperam, o terceiro setor precisará formular sua própria perspectiva de desenvolvimento para o século XXI, em vez de ser um mero sintoma passageiro da crise (Kurz, 1997, p. 153).

Em 1981 Alberto Guerreiro Ramos publicava no Brasil a sua última obra: *A Nova Ciência das Organizações: uma reconceituação da riqueza das nações*. Neste livro o Professor Guerreiro Ramos já alertava para o fato de que o

> ensino e o treinamento oferecidos aos estudantes, não apenas nas escolas de administração pública e de administração de empresas, mas igualmente nos departamentos de ciência social, ainda são baseados nos pressupostos da sociedade centrada no mercado. (Guerreiro Ramos, 1981, p. XI).

Desde então, parece ser, que este fato ainda tem prevalecido. Assim, o risco que se corre sob o pensamento único – o mercado superando o bem comum – a semelhança dos *setores público* e *privado*, é transferir-se a epistemolgia gerencial destes *setores* para a prática gerencial do *terceiro setor*, transferência "ingênua" à medida que, segundo Guerreiro Ramos, é pretender aplicar os conceitos oriundos das ciências naturais à vida humana associada, "porque a sociedade centrada no mercado, mais de 200 anos depois de seu aparecimento, está mostrando agora suas limitações e sua influência desfiguradora da vida humana como um todo" (Guerreiro Ramos, 1981, p. XII).

> Em outras palavras, as ciências naturais do Ocidente não se fundamentam numa forma analítica de pensamento, já que se viram apanhadas numa trama de interesses práticos imediatos. (...) No fim de contas, as ciências naturais podem ser perdoadas por sua ingênua objetividade, em razão de sua produtividade. Mas essa tolerância não pode ter vez no domínio social, onde premissas epistemológicas errôneas passam a ser um fenômeno cripto-político – quer dizer, uma dimensão normativa disfarçada imposta pela configuração de poder estabelecida. (Guerreiro Ramos, 1981, p. 2)[14]

A teoria crítica da *Escola de Frankfurt* por exemplo, denomina o disfarce do conhecimento implementado a partir das ciências naturais, nas questões sociais, como *teoria tradicional* na qual este tipo de teoria:

> a) "é inadequada para analisar ou entender a vida social"; b) "analisa somente o que vê e aceita a ordem social presente, obstruindo qualquer possibilidade de mudança, o que conduz

---

[14] As ciências naturais a semelhança do positivismo clássico, trabalha o fato social de acordo com os seguintes princípios: "(a) o mundo social opera de acordo com leis causais; (b) o alicerce da ciência é a observação sensorial; (c) a realidade consiste em estruturas e instituições identificáveis enquanto dados brutos por um lado, crenças e valores por outro. Estas duas ordens são correlacionadas para fornecer generalizações e regularidades; (d) o que é real são os dados brutos considerados dados objetivos; valores e crenças são realidades subjetivas que só podem ser compreendidas através dos dados brutos" (Hughes, apud Minayo, 1998, p. 30).

ao quietismo político"; c) "está intimamente relacionada à dominação tecnológica na sociedade tecnocrática que vivemos, e é fator de sua sustentação" (Tenório, 1998a, p. 11).

A preocupação em apontar estas diferenças epistemológicas da compreensão do social – ciências sociais *versus* ciências naturais ou teoria crítica *versus* teoria tradicional – é para inferir que o *terceiro setor* corre o risco de ter o seu desempenho planejado e avaliado, através de tecnologias gerenciais fundamentadas no mercado. Já ocorre de organizações não-governamentais participarem de concorrências públicas por um lado e de outro, submeterem seus projetos a agentes econômicos, correndo o risco de uma proposta de ação social transformar-se em uma metodologia de submissão às possíveis estratégias desses tipos de agentes. Estas inferências podem ser detectadas através de títulos e parágrafos extraídos em diferentes periódicos:

> [1] Uma Missão Especial. Ministro pede ao banqueiro (...) que monte uma ONG para custear campanha pela privatização. (Paiva, 1998, p. 50)[15]
>
> [2] ONG na era profissional. A ordem é buscar a independência financeira. (Avruch, 1998, p. 48)
>
> [3] O terceiro setor atrai executivos. Cresce o número de executivos interessados em administrar as chamadas Organizações Não Governamentais (ONGs) e lidar com as questões sociais. (Mello, 1998, p. C-8)
>
> [4] A criação de uma base confiável de clientes.
> Essa justificação tem dois componentes, um de curto e outro de longo prazo. Não é segredo que os jovens constituem um dos maiores grupos de consumidores e que o seu tamanho cresce mais rapidamente, influenciando cerca de US$17.000 por domicílio ao ano nas despesas dos consumidores apenas nos Estados Unidos.
> (...)

---

[15] Sobre este mesmo assunto ver o jornal *Folha de São Paulo*, 1998.

As empresas também têm uma segunda razão de longo prazo para investir na juventude, vinculada à necessidade de uma força de trabalho habilitada. Trabalhadores habilitados são necessários para aumentar a produtitividade e os lucros, mas bons empregos com altas rendas também são condição prévia para comprar o que sai das linhas de produção. Fluxos de investimentos em programas eficazes de treinamento ajudam a bombear essa *maré de crescimento econômico que ajuda a levantar todos os navios*. (McCabe, 1998, p. 23-24) (Grifo do autor).

[5] Assim, o setor social sem fins lucrativos é aquele em que a administração é mais necessária hoje em dia. É ali que a administração sistemática, baseada na teoria e guiada por princípios, pode render os maiores resultados em menos tempo. Basta pensar nos enormes problemas com que o mundo defronta – pobreza, saúde, educação, tensões internacionais – que a necessidade de soluções administradas se torna clara.

(...)

A Kyocera, empresa japonesa que se tornou líder mundial na criação e desenvolvimento de novos materiais inorgânicos, define resultados como liderança em inovações. Mas sua maior concorrente mundial, a alemã Metallgesellschaft, define resultados principalmente em termos de posição no mercado. Ambas são definições racionais, mas geram estratégias muito diferentes.

O paradigma se aplica não apenas a empreendimentos comerciais (empresas), mas também a *universidades, igrejas, organizações humanitárias* e governos (Drucker, 1999, p. 52) (Grifo nosso).

Os exemplos quanto aos possíveis "desvios" do *terceiro setor* não são observados apenas através de artigos em periódicos. Livros como *Os últimos combates* (Robert Kurz), *Pensamento crítico versus pensamento único* (Eduardo H. Tecglen), *Compaixão e cálculo: uma análise crítica da cooperação não governamental ao desenvolvimento* (David Sogge), apontam na direção desses possíveis desvios:

[1] Os economistas, com certeza, afirmarão que o terceiro setor não resistirá ao mercado, pois os custos dos investimentos necessários para as iniciativas autônomas são muito elevados, e sua produção só seria possível com meios primitivos" (Kurz, 1997, p. 155).[16]

[2] Aprisionados. Nas democracias atuais, cada vez são mais os cidadãos que se sentem aprisionados, empapados em uma espécie de doutrina viscosa que, insensivelmente, envolve qualquer raciocínio rebelde, o inibe, o paralisa e acaba por afogá-lo. Esta doutrina é o pensamento único, o único autorizado por uma invisível e onipresente polícia da opinião.

(...)

O primeiro princípio do pensamento único é tão potente que um marxista distraído não o questionaria: a economia supera a política.

(...)

A repetição constante em todos os meios de comunicação deste catecismo por parte de quase todos os políticos, tanto de direita como de esquerda, lhe confere uma carga tal de intimidação que afoga toda tentativa de reflexão livre, e converte em extremamente difícil a resistência contra este novo obscurantismo. (Tecglen, 1998, p. 15-17)

[3] A comercialização, a concorrência e o oportunismo, mais próprios do mundo dos negócios lucrativos, tem-se desenvolvido rapidamente nas organizações de cooperação não governamental, assim como a inquietação pública sobre tais tendências. Etiquetadas pelos economistas de letárgicas e lentas em responder a demanda crescente, as organizações sem fins lucrativos refutam agora essa acusação ao crescer, multiplicar-se e mover-se agressivamente em novos terrenos e vocações.

O espírito empresarial está crescendo de forma audaz. Porém tem começado a calculada lógica do mercado a expulsar a compaixão como princípio organizador? Tem-se tornado essa lógica tão poderosa que podemos falar que as organizações se orientam pelas leis econômicas?

---

[16] Embora mais adiante, Robert Kurz admite que a perspectiva economicista pode ser infundada à medida que o *terceiro setor* trabalha com baixo custo em bens de capital.

(...)
Finalmente, enfrentam a erosão de alguma das características essenciais que se supõem que representam: o compromisso baseado nos valores, na criatividade e no compromisso enérgico de seus líderes, trabalhadores e bases populares. Tais tendências podem por em questão a importância das organizações de cooperação não governamental, especialmente agora que estão surgindo e ganhando poder alternativos tanto no Sul como no Norte (Sogge, 1998, p. 104-105).

O uso destas citações teve como objetivo reforçar a hipótese de que o *terceiro setor*, a semelhança do *segundo setor*, corre o risco de enquadrar-se no espaço do mercado – sob o pensamento único,[17] ao invés daquele a ele originalmente destinado, como *agente social* na sociedade. Isto é, de uma referência singularmente fundada em teorias sociais que referenciam *processos* democráticos na busca da justiça social, da solidariedade, para uma prática mercantil, assentada em teorias organizacionais que buscam *resultados*.

> Historicamente, o Terceiro Setor tem como pano de fundo a solidariedade e a democratização de suas relações. Entretanto, estão tentando repassar a tecnologia do setor privado para o Terceiro Setor.
> Isso é (...) contraditório porque a característica central da gestão do setor privado é definida e identificada como gestão estratégica. A expressão tem origem militar, ligada a questões de guerra (...). Essa gênese da gestão estratégica já coloca o outro numa situação na qual eu vejo o outro, o *alter*, como um adversário (...) (Tenório, 1999, p. 40).

A questão epistemológica que ora se apresenta ao *terceiro setor* é como conciliar teoria e prática. O suposto fundamental para evitar esta dicotomia é aceitar que o conhecimento a ser utilizado pelas organizações sem fins lucrativos deve ser um produto social, portanto um

---
[17] Já existe, no Brasil, *site* ensinando a fazer *marketing* no *terceiro setor*.

processo compartilhado de saberes entre aqueles que detêm o conhecimento sistematizado, formal, com aqueles que possuem o saber tácito, a vivência e compreensão do seu cotidiano. A abstração não deve ser um olhar da teoria sobre si mesma, mas um meio de investigação do concreto, das relações sociais historicamente determinadas. Sendo assim, exige a "socialização do conhecimento, tanto prático como teórico", na busca de um "planejamento cooperativo" (Wainwright, 1998, p. 133). Conseqüentemente, a efetividade do *terceiro setor* depende de ações orgânicas, comunitárias, ações que conjuguem propostas a partir da interação entre este *setor* e aqueles grupos sociais aos quais as organizações públicas não-governamentais estão orientadas. O *terceiro setor* deve ser o espaço que canaliza, no ambiente da *sociedade civil*, as demandas originadas nas *esferas públicas* e sob uma epistemologia que considere:

> 1. que todo conhecimento é em si uma prática social, cujo trabalho específico consiste em dar sentido a outras práticas sociais e contribuir para a transformação destas; 2. que uma sociedade complexa é uma configuração de conhecimento, constituída por várias formas de conhecimento adequadas às várias práticas sociais; 3. que a verdade de cada uma das formas de conhecimento reside na sua adequação concreta à prática que visa constituir; 4. que, assim sendo, a crítica de uma dada forma de conhecimento implica sempre a crítica da prática social a que ele se pretende adequar; 5. que tal crítica não se pode confundir com a crítica dessa forma de conhecimento, *enquanto* prática social, pois a prática que se conhece e o conhecimento que se pratica estão sujeitos a determinações parcialmente diferentes (Santos, 1989, p. 47).

Conclusão

A finalidade, a preocupação deste trabalho tiveram a intenção de promover uma *praxis social* e *política* sobre a epistemologia que poderá referenciar a atuação do *terceiro setor*, caso ele não se perceba por meio da sua originalidade, isto é, atuar sob uma perspectiva solidária e democrática, na busca da justiça social. Esta preocupação está centrada na responsabilidade que se pretende atribuir a este *setor*. O *primeiro setor*, na sua ânsia de atender aos cânones do Estado-mínimo, procura comprometer a solução das deficiências sociais às organizações públicas sem fins lucrativos. O *segundo setor*, na sua estratégia de promoção social, cria organizações assistenciais a semelhança daquelas do *terceiro setor* mas assentadas em uma base mercantil, sob o pensamento único – superando a *pólis*.

A questão que colocamos a partir desta preocupação, é que as organizações do *terceiro setor* se vejam na contingência de assumir responsabilidades além de suas capacidades instaladas e/ou das finalidades para as quais foram criadas. Nos nossos estudos, ainda que preliminares, podemos observar por um lado que a procura de "profissionalização" do *setor* tem, na realidade, objetivado mais a busca de estratégias de sobrevivência organizacional e/ou de grupos, do que tornar mais efetiva as suas ações enquanto *agentes sociais* da sociedade. Por outro lado, os profissionais desempregados e/ou aposentados dos *primeiros* e *segundos setores*, procurando sobreviver na sociedade de risco dos dias atuais, levam suas tecnologias gerenciais de orientação estratégica, para os espaços destinados a orientação dialógica.

Devemos reconhecer que apesar da "onda" do pensamento único, como conseqüência o afastamento do Estado das questões de natureza social, através de algumas exceções, tanto no *primeiro setor*, agentes estatais, quanto no *segundo setor*, os agentes econômicos, têm atuado de maneira positiva na minimização das carências sociais. Estudos realizados no âmbito do PEGS, do Centro de Estudos do Terceiro Setor (CETS), do Centro de Estudos de Ética nas Organizações (CEPE) e do Programa Gestão Pública e Cidadania,[18] apontam nesta direção.

Reconhecemos também que o *terceiro setor* já tem, institucionalizado, o seu espaço na sociedade contemporânea, porém deve atuar sob uma epistemologia diferente daquela do mercado. Enquanto o *segundo setor* atua através do enfoque monológico, estratégico, no qual suas ações são calculadas e utilitaristas, implementadas através da interação de duas ou mais pessoas na qual uma delas tem autoridade formal sobre a(s) outra(s). O *terceiro setor* deve atuar numa perspectiva dialógica, comunicativa, na qual suas ações devem ser implementadas por meio da intersubjetividade racional dos diferentes sujeitos sociais a partir de *esferas públicas* em espaços organizados da *sociedade civil*, a fim de fortalecer o exercício da *cidadania deliberativa*.[19]

O que, como conhecimento gerencial, estaria faltando para evitar que a *administração do terceiro setor* tenha uma concepção epistemológica que agregue, substantivamente, elementos temáticos não determinados exclusivamente pelo mercado? Esta última questão fica em aberto. O propósito da pergunta é estimular pesquisadores do *terceiro setor* a concentrarem esforços no sentido de promoverem debates interdisciplinares referenciadores de pesquisa, ensino e transferência de tecnologias que possam contribuir para a efetividade dessas organizações públicas sem fins lucrativos enquanto agentes de solidariedade e justiça social.

Concluiremos este ensaio a semelhança do que fizemos na sua Introdução, através de uma citação, neste caso, citando, já que estamos na América Latina, um texto sobre a mitologia de alguns dos

---

[18] Maiores informações consultar: http://www.fgvsp.br/programas.
[19] Ver conceito de *cidadania deliberativa* in: Tenório, op. cit. 1998, p. 17.

nossos ancestrais, o povo Guarani. Na mitologia Guarani existe a *Pora*, alma pecadora, espectral, que fica rondando os mortais até que alguém reze por ela para que viva em paz na eternidade, fenômeno que não desejaria que ocorresse com o *terceiro setor*, tornar-se uma *Pora* do mercado.

> Pora
> Pora é a alma daquelas pessoas pecadoras que estão inultilmente sobre a terra e que não encontram descanso por causa de suas más ações. Se em um caminho escuro encontras alguém todo vestido de branco, isso é Pora. Nessas casas grandes e velhas, se escutam ruídos, isso é Pora. Se pela noite, em teu quarto, ouves caminhar e fazer barulho, isso também é Pora.
> Assim terá que andar Pora, até que encontre uma pessoa caridosa que reze pelas almas dos difuntos. Logo, então, vai alcançar a paz que necessita. (Alcaraz, 1999, p. 22)

Referências

A DECLARAÇÃO do Rio de Janeiro. In: *Jornal do Brasil*. Rio de Janeiro: JB, Caderno 1, 30/06/1999, p. 15.

ALCARAZ, Feliciano A.; CANESE, Natalia K. *Mombe'ugua'u*: colección de mitos, fábulas y leyendas paraguayas. Asunción: RPediciones, 1999.

APOIO Colorado – ONG não pagou R$ 12,6 mil por declações. *Folha de São Paulo*, 28 nov. 1998, p. 11 (il.)

AVRUCH, Márcia. *Isto é dinheiro*. São Paulo: Editora Três, 066, 01.12.1998, p. 48-49.

BOTTOMORE, Tom (Editor). *Dicionário do pensamento marxista*. Rio de Janeiro: Jorge Zahar Editor, 1988.

BRASIL. *Lei Nº 9.790*. Diário Oficial da União Brasil: 24.03.1999, Seção 1.

COSTA, Delaine Martins; NEVES, Gleise Heisler. Considerações sobre desenvolvimento institucional, gênero e ONG. In: COSTA, Delaine; VERGARA, Moema de Rezende (Orgs.). *Gênero e ONGs*: proposta para o fortalecimento institucional. Rio de Janeiro: IBAM/ENSUR/NEMPP, 1997, p. 41-55.

DERRIDA, Jacques. *Espectros de Marx*: o estado da dívida, o trabalho do luto e a nova Internacional. Rio de Janeiro: Relume-Dumará, 1994.

DOIMO, Ana Maria. *A vez e a voz do popular*: movimentos sociais e participação política no Brasil pós-70. Rio de Janeiro: Relume-Dumará, ANPOCS, 1995.

DRUCKER, Peter. Os novos paradigmas da Administração. In: *Exame*. São Paulo: Editora Abril, 24.02.1999, p. 34-56.

FERNANDES, Rubem Cesar. *Privado porém público*: o terceiro setor na América Latina. Rio de Janeiro: Relume Dumará, 1994.

GONÇALVES, Hebe Signorini (Org.). *Organizações não governamentais*: solução ou problema. São Paulo: Estação Liberdade, 1996.

GRZYBOWSKI, Cândido. Respostas da sociedade civil à globalização. In: *Contexto & Educação*, Ijuí (RS): Ed. da Unijuí, n.41, jan./mar./96.

GUERREIRO RAMOS, Alberto. *A nova ciência das organizações*: uma reconceituação da riqueza das nações. Rio de Janeiro: Editora da Fundação Getulio Vargas, 1981.

HABERMAS, Jürgen. *Direito e democracia*: entre facticidade e validade. Rio de Janeiro: Tempo Brasileiro, 1997, V. II.

KLIKSBERG, Bernardo. *Un tema estratégico*: el rol del capital social y la cultura en el proceso de desarrollo. Maryland: Latin American Studies Center – University of Maryland, College Park, 1999.

KURZ, Robert. Para além de Estado e mercado. In: *Os últimos combates*. Petrópolis, RJ: Vozes, 1997.

LANOIN, Leilah. *Para além do mercado e do estado?* Filantropia e cidadania no Brasil. Rio de Janeiro: ISER/Núcleo de Pesquisa, 1993. Série Textos de Pesquisa.

McCABE, Michael. Investimento em Ativos da Comunidade: o amadurecimento dos programas para a juventude. In: *Desenvolvimento de base*. Arlington: Fundação Interamericana, Vol. 21, n.2, 1998, p. 20-28.

MELLO, Patrícia Campos. *Gazeta Mercantil*. Empresas & Carreiras. São Paulo: Editora Gazeta Mercantil, 12.11.98, p. C-8.

MEREGE, Luiz Carlos (Coord.); BARBOSA, Maria Nazaré L. (Org.). *Terceiro setor*: reflexão sobre o marco legal. Rio de Janeiro: Editora Fundação Getulio Vargas, 1998.

MINAYO, Maria Cecília de S. *O desafio do conhecimento*: pesquisa qualitativa em saúde. São Paulo, Rio de Janeiro: Hucitec-Abrasco, 1998.

OLIVA, Aloizio Mercadante. Globalização e desarmamento financeiro. In: *Folha de São Paulo*, São Paulo: Folha de São Paulo, Caderno 2 – Dinheiro – 11.07.1999, p. 2.

OLIVEIRA, Anna Cynthia (Consultora). *Terceiro setor*: uma agenda para reforma do marco legal. Brasília: Comunidade Solidária, 1997.

PAIVA, Esdras. *Veja*, São Paulo: Editora Abril, 25.11.98, p. 50-53.

REIS FILHO, Daniel Aarão (Org.). *O manifesto comunista 150 anos depois*. Rio de Janeiro: Contraponto; São Paulo: Fundação Perseu Abramo, 1998.

SANTOS, Boaventura de Souza. *Introdução a uma ciência pós-moderna*. Rio de Janeiro: Graal, 1989.

SEIDEL, Antonio Carlos. 56% das empresas tem atuação social. In: *Folha de São Paulo*, São Paulo: Folha de São Paulo, Caderno Negócios, 19.07.1999, p. 3-4.

SOGGE, David (Ed.). *Compasión y cálculo*: un análises crítico de la cooperación al desarrollo. Barcelona: Icaria, 1998.

TECGLEN, Eduardo H. *Pensamiento crítico vs.* Pensamiento único. Madrid: Editorial Debate, 1998.

TENÓRIO, Fernando G. Gestão social: uma perspectiva conceitual. *Revista de Administração Pública*, Rio de Janeiro: Fundação Getulio Vargas, 32(5), set./out. 1998a, 7-23.

_____. *Gestão social*: contraponto ao mercado. In: *ONG*: identidade em mutação. São Paulo: Cenpec, 1999.

TENÓRIO, Fernando G. Um espectro ronda o terceiro setor: o espectro do mercado. In: *Revista de Administração Pública*, Rio de Janeiro: EBAO/ FGV, v. 33, n.5, p. 85-102, set./out./1998b.

WAINWRIGHT, Hilary. *Uma resposta ao neoliberalismo*: argumentos para uma nova esquerda. Rio de Janeiro: Jorge Zahar Editor, 1998.

III

Alianças e Parcerias, uma Estratégia em Alves & Cia[1]

> ... o ensaio ... evoca liberdade de espírito. O álacre e o lúdico são-lhe essenciais. Theodor W. Adorno (Cohn, 1994, p. 168)

Introdução

Nos dias atuais da globalização econômica, os vocábulos *aliança* e *parceria* assim como *rede*, têm sido utilizados para significar processos de interação nos quais interesses devem ser compartilhados em prol de objetivos comuns. Processos de caráter social e ou econômico que tanto podem estar relacionados à interação de pessoas, de empresas, de Estados, do Estado com empresas e do Estado com a sociedade civil, ou alternativas que procurem significar relações de cooperação entre partes.

Consultando o *Novo Dicionário da Língua Portuguesa* de Aurélio Buarque de Holanda Ferreira, podemos inferir que as expressões *aliança* e *parceria* são afluentes,[2] (Ferreira, 1986, p. 85 e 1269),

---

[1] Originalmente publicado na *Revista de Administração Pública*, 2000a.

[2] "*aliança* [Do fr. *Alliance*.] *1*. Ato ou efeito de aliar(-se). ...*2*. Ajuste, acordo, pacto. *3*. União por casamento. ..."; "*parceria* ... Reunião de pessoas para um fim de interesse comum, sociedade, companhia. ..."

no sentido que os aliados ou parceiros compartem decisões de maneira semelhante, fato que significaria uma ação social com características dialógicas. No entanto, acreditamos ser possível que os compartes controlem decisões de maneira maliciosa, fato que significaria uma ação social de tipo estratégica. De imediato pode-se pensar que a segunda possibilidade não exista, à medida que somente a primeira significaria o conceito correto de *aliança* ou *parceria*, de cooperação entre as partes.

Na tentativa de argumentar que é possível a segunda opção – compartes controlam decisões de maneira maliciosa, portanto, agem estrategicamente – trabalharemos o tema a partir de duas justificativas: a primeira considerando ser recente, no Brasil, a prática e a reflexão conceitual sobre os vocábulos *aliança* e *parceria*, principalmente quando se trata de relações sociais com características interinstitucionais[3] (Marques, 1999, p. 45). Portanto, é ainda incipiente a sua compreensão e operacionalização.

A segunda justificativa diz respeito a que esta temática emerge da onda do denominado *pensamento único*, proposta que tem como princípio norteador a idéia de que a economia supera a política. Os valores que determinam este *pensamento* não são condizentes com o compartilhar decisões, de ação dialógica. São valores determinados pelo mercado, objetivando antes relações estratégicas ou conveniências, que solidariedade ou cooperação. E é através de uma estratégia de conveniências comerciais ocorrida em Alves & Cia., romance de

---

[3] Por sua vez Henrique Fingermann ao coordenar a publicação do livro *Parceria público-privado: cooperação financeira e organizacional entre o setor privado e administrações públicas locais*, dizia: "A cooperação entre o setor privado e as administrações públicas brasileiras na promoção do desenvolvimento econômico, realização de obras e prestação de serviços de interesse da coletividade encontra-se em fase embrionária de implementação em nosso meio" (Fingermann, 1993, p. 7). Apesar do livro ter sido publicado no ano de 1993, acreditamos que esta situação ainda persiste no Brasil de hoje.

Eça de Queiroz, que ilustraremos um processo de *aliança* e *parceria* no qual os compartes controlam, espertamente, a decisão de permanecerem unidos para o bem do mercado.

Portanto, neste ensaio, trabalharemos com as seguintes posições: o relacionamento social ilustrado através de Alves & Cia. é típico de ações estratégicas implementadas no ambiente empresarial, de mercado; contudo, no espaço da *res pública*, o Estado, apesar da onda (neo)liberal, do *pensamento único*, tem um papel a cumprir, a coordenar de forma dialógica, políticas que atendam às carências estruturais crônicas em que vive, no caso, a sociedade brasileira.

O texto será dividido em três partes: Prudente é a Prudência, relatará a "parceria" entre os sócios Godofredo e Machado, personagens centrais da obra queirosiana, que simbolizariam uma aliança e parceria comercial; Caminho de Ericeira? perguntará se a via do mercado é o destino das *alianças* e *parcerias*. Boa-Aventurança, identificará caminhos alternativos que não exclusivamente aquele determinado pelo mercado.

Prudente é a prudência

Godofredo da Conceição Alves,[4] (Queiroz, 1981), negociante na cidade de Lisboa, Rua dos Douradores, tinha como sócio o parceiro Machado. Certo dia, ao retornar do Ministério da Marinha onde fora resolver questões relacionadas a negócios no Ultramar, Godofredo não encontrou o sócio que tinha ido, segundo o guarda-livros, ao Lumiar.

---

[4] Personagem principal do livro de Eça de Queiroz, *Alves & Cia*.

"Desde o começo do mês, era a quarta ou quinta vez que o Machado desaparecia assim do escritório, ora para ir ao Lumiar ver a mãe, ora à outra Banda visitar um amigo tísico, ora mesmo, sem razão, com esta palavra vaga: 'um negociozito'! E Alves sorria. Começava a desconfiar daqueles 'negociozitos'!" (Queiroz, 1981, p. 6)

Quase às três horas da tarde o guarda-livros veio lembrar que aquele era o dia da "reunião geral da Transtagana" (Queiroz, 1981, p. 11), dia nove, data que lembrava também ao Godofredo outro evento importante: o dia do aniversário de seu casamento. Godofredo "decidiu logo correr à Rua de S. Bento, lembrar à Lulu[5] aquela grande data, ... Eram quase três horas, ..., não havia nesse dia outros afazeres, ... E tomando o chapéu, no regozijo do meio feriado, alegrava-se à idéia de ir surpreender com um abraço a sua querida Lulu. Só uma coisa o contrariava: que o Machado estivesse no Lumiar e não pudesse jantar com eles" (Queiroz, 1981, p. 13).

No caminho de casa, ao passar diante de uma joalheria, resolveu comprar uma pulseira, "uma serpente de ouro, com dois olhos de rubis, mordendo o rabo." (Queiroz, 1981, p. 14). Jóia, segundo o ourives, vendida "uma igual à Srª Marquesa de Lima". (Queiroz, 1981, p. 14) Godofredo não teve dúvida. Comprou. Ainda na direção de casa, encomendou "uma empada de peixe para as seis horas" (Queiroz, 1981, p. 16), no restaurante do Mata, que ficava na Rua Nova do Carmo. Subindo o Chiado, comprou charutos para o sogro, o seu Neto, e desceu à Rua São Bento onde morava. A "meia dúzia de passos de sua casa, ..., dentro da confeitaria, viu a sua criada, a Margarida, esperando no balcão. Compreendeu logo que a Lulu não se esquecera do dia, ...: a Margarida viera comprar doces, sobremesas" (Queiroz, 1981, p. 17). Ele, logo após encomendar a empada de peixe, comprou também um fiambre, um queijo da serra – o dia merecia.

Ao chegar a casa, Godofredo observou que tudo estava quieto, "tudo parecia adormecido" (Queiroz, 1981, p. 18). Teve então uma idéia: entrar pé ante pé e ir ao quarto surpreender a "Lulu

---

[5] Esposa de Godofredo, Lulu para os íntimos, mas Ludovina de batismo.

que, ordinariamente, àquela hora, se vestia para o jantar" (Queiroz, 1981, p. 18). Ao pôr em prática a tática, pé ante pé, usando "os seus sapatos de verão, de sola fina" (Queiroz, 1981, p. 19), esperando não fazer ruído, ouviu um rumor através da cortina da sala de visitas, "um rumor ligeiro, indistinto, como um vago suspiro, um garganteio muito leve" (Queiroz, 1981, p. 19). Godofredo "espreitou ... E o que viu – Santo Deus! – deixou-o petrificado, sem respiração, com todo o sangue na cabeça e uma dor tão aguda no coração que quase o deitou por terra." (Queiroz, 1981, p. 19). O que viu Godofredo?

"[Viu] sobre o canapé de damasco amarelo, diante duma mesinha onde havia uma garrafa de vinho do Porto, Lulu, de *robe-de-chambre* branca, encostava-se, abandonada, sobre o ombro dum homem que lhe passava o braço pela cintura, contemplando-lhe o perfil com o olhar afogado em languidez. O homem era o Machado" (Queiroz, 1981, p. 19).

As cenas seguintes o leitor pode imaginar. O sócio Machado "pela rua fora, a passadas de côvado, ... afastava-se com o guarda-sol na mão." (Queiroz, 1981, p. 22). E o Godofredo querendo esgoelar a Lulu, não, agora simplesmente Ludovina que se trancou no quarto. "– Abre ou arrombo! –" (Queiroz, 1981, p. 23) vociferava Godofredo, e do outro lado, respondia Ludovina "– Mas não me faças mal! ... Oh, Godofredo, pela tua saúde, perdoa, eu não tinha feito mal nenhum, e era só a primeira vez! ... – E que fosse a primeira, que tem que fosse a primeira? E então com quem, infame!" (Queiroz, 1981, p. 24). Foi então que o Godofredo entendeu os "negociozitos" do seu sócio. "– Arranje as suas coisas, p'ra ir p'ra casa de seu pai. ... Pode levar tudo... Tudo o que é seu, leve-o. Mas rua!" (Queiroz, 1981, p. 26-27). A empada de peixe do restaurante do Mata acabava de chegar. Depois de perambular pelo Chiado, Rua do Ouro, Terreiro do Paço, Aterro quase até Alcântara, "a idéia da morte atravessava-o" (Queiroz, 1981, p. 37) ... "pensou no suicídio". (Queiroz, 1981, p. 39) "Mas o outro?" (Queiroz, 1981, p. 40), o sócio, o Machado? "Era o Machado que devia desaparecer; era Machado que se devia matar! ... a firma continuaria a ser Alves & Cia." (Queiroz, 1981, p. 41). Com estas idéias a fervilhar sua cabeça concluiu que a única coisa digna era "propor ao Machado que um deles se suicidasse!" (Queiroz, 1981, p. 41). Voltou a casa. Não, era "muito simples: tirariam à sorte, ele e o outro, qual dos dois se devia matar!". (Queiroz, 1981, p. 45)

Mesmo sem apetite, Godofredo sentou-se à mesa para o jantar a fim de manter, perante as criadas, aparência de normalidade. Neste momento vieram anunciar que o Sr. Neto, o sogro, viera buscar as coisas da Lulu. Uma discussão áspera deu-se entre os dois. De um lado o comerciante de Alves & Cia, sentindo-se desonrado, de outro um pai defendendo a honra da filha. "– O pior é o falatório!" (Queiroz, 1981, p. 57) dizia o Neto compungido. "– E a você, com sua posição na praça, não lhe faz senão mal ..." (Queiroz, 1981, p. 57). Godofredo concordou "enfim, o melhor seria evitar o palavrório." (Queiroz, 1981, p. 58). Conversa vai conversa vem, para evitar palavrórios, o Neto propôs uma saída: ir para a praia, longe de Lisboa, "era época dos banhos" (Queiroz, 1981, p. 59). E ficamos assim combinados, disse o Neto ao chegar em casa, "para evitar falatórios, que vamos passar o verão à Ericeira." (Queiroz, 1981, p. 65)

No dia seguinte "ao do vago suspiro", os dois sócios encontram-se em Alves & Cia. "– Depois do que se passou ontem, não podemos continuar a ser amigos ..." – disse Godofredo. "– Infelizmente, infelizmente ..." (Queiroz, 1981, p. 77) retrucou Machado. "– A sua infâmia não tem nome!... – E pelas minhas costas, o senhor que faz? Desonra-me!" (Queiroz, 1981, p. 78-79), continuou Godofredo "– Sei tudo isso ... e estou pronto a dar-lhe todas as reparações, todas, quaisquer que sejam." (Queiroz, 1981, p. 79), replica Machado. E Godofredo exaltando-se diz: "– A reparação é só esta: um de nós tem de morrer ... Um duelo é absurdo ... Tiremos a sorte qual de nós se há-de matar!" (Queiroz, 1981, p. 79). Machado achou ridícula a idéia de tirarem a sorte a respeito do suicídio, e fez a seguinte proposta:

"– Eu estou pronto a dar-lhe todas as reparações, e com todo o meu sangue ... mas há-de ser dum modo sensato e regular, com quatro testemunhas, à espada ou à pistola, como desejar, a que distância entender, um duelo de morte; tudo o que quiser; estou as suas ordens. Hoje todo o dia, amanhã todo o dia, lá espero, em minha casa. Mas com idéias de doido não me entendo ... E não temos mais que conversar!" (Queiroz, 1981, p. 81).

Godofredo foi à procura do amigo Carvalho a quem contou, em detalhes, o ocorrido. Em seguida, foram a casa do "Teles Medeiros, homem de fortuna e sociedade, que tinha panóplias de floretes na sala e a experiência do ponto de honra." (Queiroz, 1981, p. 84). Quando chegaram a casa do Teles, diz o Carvalho: "– Nós vimos aqui para um negócio muito grave." (Queiroz, 1981, p. 95). Mas, naquele preciso momento, o Medeiros estava preocupado se já havia chegado uma carta para ele naquela manhã. O criado a trouxe e o Teles aliviado comentou: "– Caramba, ia sendo ontem apanhado. Por um segundo ... E se o marido entra na cozinha, que é logo ao lado da porta, lá se ia tudo quanto Marta fiou! Irra, que não ganhei para o susto! ... – Pois é por uma coisa dessas que nós cá vimos," (Queiroz, 1981, p. 96) falou o Carvalho olhando para o Godofredo. E os dois contaram toda a história iniciando com "– Foi ontem. Apanhei a Ludovina com o Machado" (Queiroz, 1981, p. 97). Um terceiro já estava sabendo, o falatório já estava a caminho. Medeiros, o experiente, comenta "... nunca com a mulher dum amigo íntimo, e demais a mais, dum sócio ... – Isto pede sangue –." (Queiroz, 1981, p. 99). Depois de confabularem resolveram, o Carvalho e o Medeiros, procurar outras duas testemunhas: "... o Nunes Vidal, ..., rapaz de experiência em coisas de honra, e o Cunha, o Albertinho Cunha" (Queiroz, 1981, p. 106), bom comparsa, parceiro do Nunes. O falatório ampliava-se. As quatro testemunhas reuniram-se na casa do Medeiros para discutirem o duelo. Após longa e alegre discussão, chamaram o Godofredo que estava numa sala ao lado e o Medeiros sentencia: "– Tudo resolvido – disse, ... Está tudo decidido ... – Não te bates – ... – Tudo tinha de ficar na mesma. Era o bom senso." (Queiroz, 1981, p. 120). Não há necessidade de mortes: ou pela sorte, suicídio, idéia original de Godofredo; ou por duelo, como propôs Machado.

Depois de explicarem ao Godofredo o que tinham discutido, Medeiros sentencia "– não há motivo para que interrompam as relações comerciais." (Queiroz, 1981, p. 124). Godofredo retruca: "– Então há-de amanhã entrar-me pelo escritório? ..." (Queiroz, 1981, p. 124) e Medeiros complementa apontando a seguinte tática: o Machado escreve-te uma carta alegando problemas pessoais, pedindo que cuides do negócio e viaja, os empregados tomam conhecimento ele retorna "ao fim dum ou dois meses" (Queiroz, 1981, p. 124) e "– Tapas assim a boca do mundo – disse Carvalho. – Salvas-te do ridículo – acrescentou Medeiros. – Manténs a firma intacta e unida ... – Livras tua mulher de má fama ... – Conservas um sócio inteligente e trabalhador. – E talvez um amigo! ... [complementaram os demais]." (Queiroz, 1981, p. 124-125).

Passadas algumas semanas, retornava o Machado ao escritório das Rua dos Douradores e à rotina funcional. Os Netos também já haviam regressado dos banhos, de Ericeira. Mais uma vez o velho Neto achou uma maneira de tirar dinheiro do exgenro. "Disse que refletira muito e que estava disposto a ir fazer com a filha uma viajada até o Minho ... para evitar palavrórios!" (Queiroz, 1981, p. 141). Godofredo ficou irritado com mais essa investida do sogro e respondeu: "– Mas não há de ser a minha custa!" (Queiroz, 1981, p. 141).

A casa estava um pandemônio, as criadas não davam a mínima. Como a Lulu fazia falta. Godofredo passou a sentir saudades e procurá-la pelas ruas: Largo do Carmo, Rossio, Chiado ... Um dia, sem querer querendo, encontra Ludovina, conversam. Ele diz dos problemas que tem em casa, da roupa mal lavada e passada, da comida sem gosto, desleixo total. Lulu compungida com a situação e lembrando-se da vida que levava antes do dia do "vago suspiro", do "garganteio muito leve", retorna ao convívio do lar, àquele homem a quem tocava ao piano, após o jantar, *Souvenir d'Andalousie*. Foram passar uns dias a Sintra, uma segunda lua-de-mel. Voltaram a freqüentar o São Carlos quando, numa "dessas noites, cantava-se a *Africana*" e, ao saírem do teatro, "de repente apareceu o Machado"; civilizados cumprimentaram-se "olá Machado, boas noites." (Queiroz, 1981, p. 149). No dia seguinte, em Alves & Cia, os sócios comentaram o que viram e ouviram no São Carlos, as férias em Sintra etc.

"De novo a vida continuou, banal e corrida, como ela é." (Queiroz, 1981, p. 165). Morreu a mãe do Machado, o Neto, de apoplexia dentro de um autocarro. Machado casou com Catanhede que faleceu ao fim de um ano. Voltou a casar com uma viúva. "Mas há quanto tempo isso vai! (Queiroz, 1981, p. 167). Godofredo ao lembrar-se do passado, do caso "que quase o deitou por terra", que quase o levou à falência, extraiu "a sua filosofia" de vida e como "ele diz muitas vezes ao Machado: – que coisa prudente é a prudência!" (Queiroz, 1981, p. 167-168)

"E agora ali estavam, ..., lado a lado, honrados, serenos, felizes, envelhecendo de camaradagem no meio da riqueza e da paz.

As vezes, pensando nisto, Alves não pode deixar de sorrir com satisfação. Bate então no ombro do amigo, lembra-lhe o passado, diz-lhe com um sorriso:

– E nós que estivemos para nos bater!

E o outro responde, sorrindo também: – Por causa de uma grande tolice, Alves amigo!" (Queiroz, 1981, p. 169).

Caminho de Ericeira?

Processos de ação recíproca nos quais interesses devem ser compartilhados em prol de objetivos comuns, *alianças* e *parcerias*, por exemplo, têm como característica o fato de serem relações sociais sob as quais nexos são estabelecidos entre diferentes atores sociais – organizações, Estados, pessoas, comunidades etc., numa perspectiva de que os interesses sejam atendidos de comum acordo. No entanto, sob esta relação, é possível que:

> ... a estrutura geral e as posições dos atores ..., moldem as suas ações e estratégias (constrangendo inclusive alianças e confrontos possíveis), ajudem a construir as preferências, os projetos e

as visões de mundo (já que esses "bens imateriais" também circulam e se encontram nas redes) e dão acesso diferenciado a recursos de poder dos mais variados tipos, que em inúmeros casos são vinculados pelas redes (desde *status* e prestígio até recursos mais facilmente mensuráveis, como dinheiro e informação).[6] (Marques, 1999, p. 46-47)

O que parece configurar este tipo de relação social no ambiente de mercado, é o objetivo que se deseja alcançar através de ações utilitaristas, de cálculo de meios e fins, portanto, estratégicas. Estratégias que são implementadas através do dinheiro e do poder, vetores que condicionam o mundo da vida,[7] já que este tipo de ação social passa a ser gerenciada por valores de troca e mecanismos de controle.

A viagem a Ericeira, assim como a proposta de também irem ao Minho, foi a estratégia traçada por Neto, um "liso" que vivia com a filha solteira e a criada Joana em um sobrado "fubeca", para "arrancar" dinheiro do genro Godofredo emergente negociante, porém "leso". Não por acaso coincide o relato queirosiano, final do século XIX,[8] com a vigência do liberalismo econômico, recapeado no início dos anos 40 do Século XX em direção a "um mundo melhor" (Hayek, 1990, p. 38), assim como da (info)via[9] da globalização econômica, em construção nos dias de hoje.

---

[6] A *sociologia relacional*, ainda de acordo com Eduardo Cesar Marques, "parte do de uma série de situações concretas para investigar a interação entre, de um lado, as estruturas presentes, constituídas pelos padrões de interações e trocas e as posições particulares dos vários atores, e, de outro, as ações, estratégicas, constrangimentos, identidades e valores de tais agentes".

[7] A idéia central de mundo da vida é a de que quando os atores sociais participam de processos cooperativos, e esta é a intenção das *alianças* e *parcerias*, o fazem de acordo com um mundo (com uma totalidade), que determina ou condiciona as suas pretensões de validade. Totalidade composta da personalidade, cultura e sociedade.

[8] Supõe José Maria d'Eça de Queiroz, filho do escritor, que a obra foi escrita entre 1877 e 1889 (Queiroz, 1981, p. VII).

[9] "Nova economia".

A conveniente ou prudente estratégia planejada para salvar as aparências em Alves & Cia., também nos faz pensar que o significado de *aliança* e *parceria*, nos dias do *pensamento único* (ou de mão única?), poderia ser uma maneira de fazer com que os compartes não abandonem o caminho do mercado, à semelhança do alerta que os amigos e o sogro Neto deram ao Godofredo. "– E a você, com a sua posição na praça, não lhe faz senão mal ..." (Queiroz, 1981, p. 57). No fundo, o que eles desejam dizer era:

> [Godofredo pense no mercado, siga-o], ídolo cuja "mão invisível corrige as asperezas e disfunções do capitalismo" ..., cujos "signos orientam e determinam o movimento geral da economia"; ... que "estimulam e dinamizam as empresas, conduzindo-as a uma permanente e benéfica modernização"; ... "fator do desenvolvimento ininterrupto do comércio e, portanto, de nossas sociedades"; ..., que "modera as reivindicações sindicais e diminui os custos salariais"; ..., "fator de estabilização"; [de] desregulamentação, [de] privatização; [de] liberalização, etc. [De] "menos Estado", uma arbitragem constante em favor das rendas do capital em detrimento das do trabalho. [De] indiferença com respeito ao custo ecológico (Tecglen, 1998, p. 16).

O caminho anteriormente descrito é divulgado pelos meios de comunicação, pelos políticos e governos de turno, dirigentes empresariais, espaços acadêmicos e outros. A constante repetição desse destino transforma-se numa ideologia, em um valor "com tal carga de intimidação que impede toda tentativa de reflexão livre"[10] sobre caminhos alternativos, ficando "extremamente difícil a resistência" a

---
[10] Fato reconhecido também por Joseph Stiglitz, ex-economista chefe do Banco Mundial, em artigo publicado no "The New Republic" e traduzido pela *Folha de São Paulo*, Caderno Dinheiro, 15/04/2000, pg. 7.

esta opção (Tecglen, 1998, p. 17). No campo do ensino da Administração e, consequentemente da gestão organizacional, a reflexão livre não ocorre porque esta ideologia, como diz Guerreiro Ramos, virou "*moeda corrente* psicológica" (grifo do autor), à medida que a sociedade está "centrada no mercado". (1981, p. 90) O Professor Alberto Guerreiro Ramos ao escrever, no início dos anos 70, *A nova ciência das organizações: uma reconceituação da riqueza das nações* já identificava o que hoje é denominado de *pensamento único*, expressão que surgiu em meados dos anos 90[11].

E esta moeda corrente, psicológica, atua sobre toda a sociedade desde as instituições acadêmicas, acentuadamente nas áreas de Administração e Economia, até aquelas orientadas à fisiologia animal e humana. O que Guerreiro Ramos a seguir comenta é mais tarde também apontado por Boaventura de Souza Santos (1995, p. 321) e Anthony Giddens (1998). Todos, no fundo, fazendo referência ao determinismo de mercado, isto é, a enfática influência que este tem sobre o restante da sociedade. Diz o Mestre Guerreiro:

> A política cognitiva é a *moeda corrente* psicológica da sociedade centrada no mercado. Não constitui mero incidente o fato de que, em toda a sociedade em que o mercado se transformou em agência cêntrica da influência social, os laços comunitários e os traços culturais específicos são solapados ou mesmo destruídos. Diante do consistente padrão de conseqüências que acompanhou a difusão da mentalidade de mercado através de todo o mundo contemporâneo, é difícil compreender como esse fenômeno escapou a uma investigação sistemática (Ramos, 1981, p. 90).

---

[11] A expressão *pensamento único* foi criada em janeiro de 1995 por Ignacio Ramonet, em artigo no *Le Monde diplomatique* (Tecglen, 1998, p. 32). Vale lembrar que no início dos anos 60 do Século XX, precisamente 64, Herbert Marcuse usava uma expressão semelhante para denunciar a *unidimencionalidade* do homem sob a sociedade industrial. Denúncia que podemos também estendê-la a denominada sociedade pós-industrial.

Boaventura de Souza Santos por sua vez, identifica quatro premissas geradoras dos problemas na sociedade contemporânea. Destes, destacamos o segundo axioma:

> ... é o da legitimidade da propriedade privada independentemente da legitimidade do uso da propriedade. Este axioma gera ou promove uma postura psicológica e ética – o individualismo possessivo – que, articulada com a cultura consumista, induz o desvio das energias sociais da interacção com pessoas humanas para a intracção com objectos porque mais facilmente apropriáveis que as pessoas humanas (Santos, 1995, p. 321).

Anthony Giddens na sua proposta denominada de *terceira via* – dúbio modelo econômico entre o Estado de bem-estar e o (neo)liberalismo e que parece ser mais uma nova *política cognitiva* oriunda do mundo cêntrico – diz que o avanço da globalização, a pressão que ela exerce para baixo, afeta comunidades – "bairros, pequenas cidades, áreas locais mais amplas"; portanto, é necessário que governo e sociedade civil atuem conjuntamente a fim de deter esta pressão. "Estado e sociedade civil deveriam agir em parceria, cada um para facilitar a ação do outro, mas também para controlá-la" (Giddens, 1999, p. 89)

Sob esta condicionante ideológica, única, do *homo globalizatus*,[12] (Hobsbawn, 2000) ocorrem todos os processos contemporâneos de tomada de decisão. *Alianças* e *parcerias* por serem processos decisórios, relações sociais, em grande parte realizadas em um ambiente no qual os valores de mercado predominam, não escapam a essa ideologia. Fenômeno inclusive observado naquelas organizações sem fins

---

[12] Título do capítulo 3 do livro de Eric Hobsbawn.

lucrativos da sociedade civil, denominadas também de organizações do terceiro setor, instadas a praticarem a cultura da parceria, da cooperação, da aliança, da rede e de outros adjetivos interativos.

No livro *Compasión y cálculo: un análises crítico de la cooperación no gubernamental al desarrollo*, são citados casos da dependência que as organizações sem fins lucrativos têm em relação à ideologia do mercado.

> A comercialização, a concorrência e o oportunismo, mais próprios do mundo dos negócios lucrativos, têm-se desenvolvido rapidamente nas organizações de cooperação não-governamental, assim como a inquietação pública sobre tais tendências. Etiquetadas pelos economistas de letárgicas e lentas em responder às demandas crescentes, as organizações sem fins lucrativos refutam agora essas acusações ao crescer, multiplicar-se e mover-se agressivamente em novos terrenos e vocações (Sogge, 1998, p. 104)

Em dois artigos que publicamos: *Gestão social: uma perspectiva conceitual* (1998) e *Um espectro ronda o terceiro setor: o espectro do mercado* (1999), desenvolvemos preocupações a esse respeito. No primeiro, procurávamos demonstrar que os valores de mercado induzem à *gestão estratégica*, cálculo de meios e fins, - "uma combinação de competência técnica com atribuição hierárquica, o que produz a substância do comportamento tecnocrático". Comportamento que pratica um tipo de "ação social implementada sob a hegemonia do poder técnico ou tecnoburocrático, que se manifesta tanto no setor público quanto no privado, ..." (Tenório, 1998, p. 14)

No segundo, *Um espectro ronda o terceiro setor, o espectro do mercado*, alertávamos para a necessidade das organizações da sociedade civil refletirem sobre o ato de planejar suas atividades. Dizíamos que o planejamento deveria ser feito "numa perspectiva da emancipação do homem, do cidadão, e não sob o enfoque do 'consumidor', 'cliente', 'meta' ou 'alvo' a ser atingido", expressões típicas da cultura mercantil. E acrescentávamos:

> Enfoque que parece estar assentado no fato de os "sistemas-governo, com as suas perspectivas de Estado-mínimo, assim como os sistemas-empresa, estabelecendo estratégias de ação social, ora propõem parcerias ora deixam por contra do terceiro setor a responsabilidade para atender as deficiências sociais" (...), historicamente não atendidas pelo primeiro e segundo setores (Tenório, 1998, p. 91).

Na interação empresa-empresa, *alianças* ou *parcerias* são, contemporaneamente, objeto de mitificação através de livros, teses acadêmicas, artigos em periódicos etc. Claro que este tipo de relação social tem um significado altamente positivo no mundo dos negócios e da competitividade do mercado globalizado: custos são reduzidos, lucrativas produtividades são alcançadas. Apesar disso, estes resultados são obtidos em detrimento das conseqüências sociais, dispensa de mão-de-obra, desemprego etc. Mas isto faz parte do mundo do trabalho: negócio é negócio.

A fim de ilustrar a conexão empresa-empresa, citaremos duas referências bibliográficas: a primeira de autores brasileiros, João Carlos Ferraz e Luciano Coutinho através de uma das sete "estratégias ativas de reorganização e de reestruturação empresarial" [1]. A segunda, de Manuel Castells, descrita na obra *A sociedade em rede* quando, no capítulo 3 do volume 1, faz comentários acerca da flexibilização organizacional [2].

[1]

6) *Capturar sinergias através de alianças e de acordos de cooperação* (grifo dos autores). ... A organização de redes estáveis de fornecedores e a formação de "consórcios" ou *alianças* (grifo nosso) entre empresas com perfis de especialização complementares vêm sendo praticadas com grande sucesso, entre *parceiros* (grifo nosso) independentes, ... As configurações organizacionais da cooperação podem ser bastante diferentes – o essencial é a captura de complementaridades, a soma de competências e sinergias. (Coutinho; Ferraz, 1994, p. 430-431)

[2]

Consideremos agora duas outras formas de flexibilidade organizacional na experiência internacional, caracterizada por conexões entre empresas: *o modelo de redes multidirecionais posto em prática por empresas de pequeno e médio porte e o modelo de licenciamento e subcontratação de produção sob o controle de uma grande empresa.* (Grifos do autor)

(...)

Um sexto modelo organizacional que está surgindo nos últimos anos refere-se à interligação de empresas de grande porte no que passou a ser conhecido como *alianças estratégicas*. Tais alianças são muito diferentes das formas tradicionais de cartéis e outros acordos oligopolistas porque dizem respeito a épocas, mercados, produtos e processos específicos e *não excluem a concorrência* em todas as áreas (a maioria) não cobertos pelos acordos (Castells, 1999, p. 181-183, vol. 1). (Grifos nossos.)[13]

No campo das relações empresa-empresa, assim como do Estado e sociedade civil, *alianças* ou *parcerias* são apontadas como indispensáveis na solução dos mais variados problemas. No primeiro caso, desde questões como compartilhamento na compra de matéria-prima, a distribuição de produtos ou de prestação de serviços; no segundo

---

[13] Sobre o tema da flexibilização organizacional ver TENÓRIO, Fernando G. (2000b).

tipo de relação, temas como educação, habitação, saúde, desemprego, renda, àquelas de ordem ecológica. No entanto, apesar das *alianças* e *parcerias* serem métodos gerenciais que contribuiriam para melhorar a competitividade de agentes econômicos assim como favorecer a ação de entes públicos, algumas reflexões deveriam ser feitas a fim de interrogar a autenticidade ou a verdade desse caminho. E estas reflexões devem ser feitas a partir do modelo de organização de sociedade desejado contemporaneamente, que é o modelo centrado no mercado.

Modelo que não perde tempo em lançar modismos, invenções terminológicas, como é o caso da "nova economia" ou "capitalismo internauta" que na compreensão de Robert Kurz "o novo conteúdo material da 'nova economia' são quase exclusivamente técnicas e serviços específicos para a Internet e dentro da Internet" é "a Internet elevada a último bastião da economia real" (Kurz, 2000, p. 12). Processo econômico subordinado, na sua totalidade, à racionalidade instrumental, racionalidade que unidimensionaliza as relações sociais nas sociedades centradas no mercado.

Boa-aventurança

Processos de interação nos quais interesses devem ser compartilhados em prol de objetivos comuns são apontados como necessários tanto no mundo dos negócios quanto naqueles de caráter público. No primeiro caso, como "negócio é negócio", as características substancialmente estratégicas de *alianças* e *parcerias*, são justificadas pela necessidade de alcançar resultados a fim de recuperar o capital investido, elemento inerente ao ambiente empresarial. A ação social com respeito a meios e fins, o cálculo utilitário das conseqüências, de gestão estratégica, monológica, é o *modus vivendi* e *operandi* desse mundo. Faz parte do negócio manter a "posição na praça", como diziam os amigos e Neto a Godofredo.

No entanto, nos processos de interação Estado-sociedade civil ou entre organizações do terceiro setor, devemos trabalhar com a hipótese de que essas organizações devem atuar sob a esfera pública, onde democracia e solidariedade, portanto cidadania, são as substâncias necessárias para implementar relações sociais compartilhadas. Ilka Camarotti e Peter Spink no livro *Parcerias e pobreza: soluções locais na contrução de relações socioeconômicas*, fazem o seguinte comentário:

> "Os estudos demonstram com as alianças, que podem nascer das iniciativas estatais ou civis, vêm-se constituindo em um importante vetor de mudança e de desenvolvimento social. Eles demonstram que a afirmação de uma capacidade coletiva de ação é um complemento essencial a uma política econômica justa e distributiva. Também demonstram que alianças nem sempre percorrem caminhos tranqüilos e que às vezes é necessário enfrentar e negociar bloqueios e conflitos".[14] (Camarotti, Spink, 1999, p. 9).

Portanto, é o não percorrer "caminhos tranqüilos" que nos deve preocupar quando se trata de *alianças* e *parcerias* no mundo da *res pública*. O *não caminho da servidão*, do *pensamento único*, do determinismo da razão econômica têm-nos dito, cotidianamente, que o estado natural da sociedade é o mercado. Aceitamos que ele seja um dos enclaves da sociedade, mas não a sua referência única, à medida que,

---

[14] Devemos observar que percorrer caminhos muito tranqüilos sem a percepção de conflitos latentes, podem ser caminhos do *pensamento único*.

no espaço do enclave empresarial, predominam relações egoístas, privadas, estratégicas ficando, muitas vezes, a sensibilidade social substituída pela financeira.

Dois são os desvios que tornam este caminhar intranqüilos. Um é de ordem espistemológica. Enquanto não percebermos que *alianças* e *parcerias* são processos sociais de conhecimento e que, portanto, exige compromissos dialógicos, não estratégicos de decisão, não chegaremos ao destino de uma sociedade igualitária e, conseqüentemente, de uma melhor distribuição de renda, como exige a quase totalidade da população brasileira. *Alianças* e *parcerias* só terão resultados se, e somente se, o conhecimento de problemas e soluções forem compartilhados, não forem objeto de estratégia nem do poder público nem da sociedade, mas um exercício pleno de cidadania deliberativa.

O outro desvio parece ser aquele trilhado pela sociedade brasileira. Segundo Eduardo Cesar Marques, nas relações entre o Estado e o setor privado por exemplo, existe uma "zona de sombra" caracterizada pela permeabilidade estatal.

> Isso se deve, principalmente, à enorme importância das relações pessoais, seja pela "distinção entre indivíduos" (...), seja pela permanência de "hierarquias" depois da disseminação dos "mecanismos de mercado" (...), seja ainda pela permanência das "gramáticas políticas do clientelismo e do corporativismo", mesmo após o desenvolvimento do "insulamento burocrático" e do "universalismo de procedimentos"(...). (Marques, 1999, p. 48)

Marques comenta também que, no Brasil, ao contrário das redes estudadas na literatura forânea, o relacionamento social tem suas bases assentadas "nos vínculos entre indivíduos". "Para a visão hegemônica sobre a realidade brasileira, isso confirmaria a fragilidade institucional do país e a baixa institucionalização de nossas organizações" (Marques, 1999, p. 48), que no entanto, segundo o autor:

> ... não é um resquício do atraso em meio ao moderno que deveria ser superado, mas faz parte das características da própria constituição do Estado brasileiro, e dessa forma deve ser encarado. Só assim será possível desenvolver alterações realistas do arcabouço institucional brasileiro, que compreendam as características negativas de tais traços e tirem proveito do que eles podem trazer de positivo. (Marques, 1999, p. 63)

Uma das características negativas que, no caso brasileiro, impedem processos compartilhados de decisão e que parece relacionar-se com a "zona de sombra", é a corrupção. O Brasil é o 46º no *ranking* mundial desse tipo de fenômeno social que, obviamente, é um tipo de relacionamento social. Alianças e parcerias são também a tônica dessa modalidade de compartilhamento. Parafraseando Manuel Castells são alianças estratégicas, são parcerias, são redes criminosas (1999, v. 3, p. 217).

Existirão caminhos alternativos para que as *alianças* e *parcerias* contribuam para uma política econômica justa e distributiva? Um dos caminhos é aquele cujo norte é a sociedade civil, aquela senhora "de rosto difuso e nome gigante" como diz o Subcomandante Marcos.[15] (1999, p. 35). Devemos percorrer mais vezes a sociedade civil nas suas diferentes e difusas possibilidades, não no sentido de ser um

---

[15] "Desculpe, Senhora sociedade civil, que a distraia de vossas múltiplas ocupações e reiteradas angústias. Somente a escrevo para dizer que aqui estamos, que seguimos sendo nós mesmos, que a resistência é ainda nossa bandeira e que todavia acreditamos em você. Passe o que passe, seguiremos acreditando. Porque a esperança, Senhora de rosto difuso e nome gigante, é já em nós uma adição".

caminho substituto aos partidos políticos ou sindicatos, vias naturais de qualquer sociedade democraticamente constituída, mas significando buscar mais atores sociais para o compartilhamento de objetivos. A sociedade civil é um espaço político que se situa entre a lógica mercantil e a lógica estatal e serve para mediar "o pragmatismo do mercado e a *realpolitik* dos príncipes" (Tecglen, 1998, p. 27). A propósito, Anne-Robert-Jacques Turgot, iluminista do século XVIII, faz o seguinte comentário a respeito do papel da sociedade civil na relação com o Estado:

> ... "Nunca se pode dizer que eles (os príncipes) detém o direito de ordenar e julgar de modo geral, sem nenhuma exceção ... e, a partir do momento em que se supõe injusta uma ordem, tem-se a exceção". A autoridade política continua nas mãos do príncipe, mas não é ele quem decide; "decide-se" o que é justo ou injusto. Ainda que o rei sempre decida, "decide-se" quando ele não deve decidir. É a consciência que define o caso de exceção. (apud Koselleck, 1999, p. 129)

No entanto, o caminho de maior envolvimento da sociedade civil depende da redefinição dos princípios de intervenção do Estado que nos conduz a explorarmos a alternativa de um outro caminho, talvez de maior longitude, proposto por Boaventura de Souza Santos: o caminho de um novo contrato social.[16] (1998, p. 5) Este novo contrato é percorrido por duas vias: a primeira é "a redescoberta democrática do trabalho ... condição *sine qua non* da reconstrução da economia como forma de sociabilidade democrática." (Souza Santos,

---

[16] Contrato social é "a expressão de uma tensão dialética entre regulação social e emancipação social que se reproduz pela polarização constante entre vontade individual e o bem comum".

1998, p. 50). Para que isto ocorra são necessárias as seguintes condições: 1) *"o trabalho deve ser democraticamente compartilhado"*, 2) *"reconhecimento do polimorfismo do trabalho"*, 3) *"a separação entre trabalho produtivo e economia real, por um lado, e capitalismo financeiro ou economia de casino, por outro"* e 4) *"reivenção do movimento sindical"* (grifos do autor) (Souza Santos, 1998, p. 49-57).

O segundo caminho, ou momento, como estabelece Boaventura, "é a transformação do Estado nacional em novíssimo movimento social". Com essa formulação ele quer dizer:

> ... que o processo de descentramento a que o Estado nacional vem sendo sujeito, nomeadamente por via do declínio do seu poder regulatório, torna obsoletas as teorias do Estado que até agora dominaram, tanto as de origem liberal, quanto as de origem marxista. A despolitização do Estado e a desestatização da regulação social decorrente da erosão do contrato social, ..., mostram que sob a mesma designação de Estado está a emergir uma nova forma de organização política mais vasta que o Estado, de que o Estado é o articulador e que integra um conjunto híbrido de fluxos, redes e organizações em que se combinam e interpenetram elementos estatais e não estatais, nacionais e globais. (1998, p. 59)

Portanto, o Estado sob este novo ordenamento, novo contrato social, deve ser "um articulador que, não tendo o monopólio da governação, retém contudo o monopólio da meta-governação, ou seja, o monopólio da articulação no interior da nova organização política" (Souza Santos, 1998, p. 67-68). Assim, o relacionamento social por meio de *alianças* e *parcerias*, faz parte do papel desse novo Estado, à medida que articular objetivos significa desenvolver processos de interação comunitária nos quais interesses devem ser compartilhados democraticamente.

Uma outra alternativa convergente com a de Boaventura é aquela proposta por Eli Diniz no livro *Globalização, reformas econômicas e elites empresariais*. Neste texto, ao comentar a relação do Estado com o mercado globalizado, Diniz identifica algumas condições políticas que contribuiriam para uma ação mais eficiente do Estado.

> Esses requisitos são contemplados pelo conceito de governança, (...) capacidade de o governo resolver aspectos da pauta de problemas do país através da formulação e implementação das políticas públicas pertinentes. (...) trata-se da capacidade de tomar e executar decisões, garantindo seu efetivo acatamento pelos segmentos afetados, contribuindo, desta forma, para assegurar sua continuidade no tempo. (...) a noção de governança compreende não só a capacidade de o governo tomar decisões com presteza, mas também sua habilidade de sustentar suas políticas, gerando adesões e condições para o desenvolvimento de práticas cooperativas, o que implica romper com a rigidez do padrão tecnocrático de gestão pública. (...). (Diniz, 2000, p. 29)

Apesar de estarmos no início de um novo século, recorremos aos socialistas do século XIX que tinham a seguinte preocupação: "*Se o Estado é demasiadamente forte, se rompe; se demasiadamente débil, sucumbimos.*" (Tecglen, 1998, p. 28).

Conclusão

A semelhança de um ensaio que "diz o que lhe ocorre, termina onde ele mesmo acha que acabou e não onde nada mais resta a dizer" (Cohn, 1994, p. 168), o objetivo deste texto não foi esgotar a discussão do assunto, mas instigar o debate acerca de um tema que se tem imposto nos dias de hoje. E, também, não tem a pretensão de descaracterizar possibilidades de *alianças* e *parcerias*, mas sim provocar a percepção antitética destes vocábulos à medida que ambos têm a sua razão de ser dependentes da maneira como são executados.

Atualmente tais processos de conexão social e/ou econômica – *alianças* e *parcerias* – fazem parte da relação Estado-sociedade e capital-capital. Neste último caso, as *alianças* e *parcerias* permitem aos agentes econômicos ganhos estratégicos de produtividade sem os quais, possivelmente, não atenderiam suas sobrevivências no "mundo globalizado" dos negócios e, conseqüentemente, do capital investido. No entanto, a nossa preocupação é quanto a relação Estado-sociedade civil. Neste caso, devemos questionar a concepção dessa conexão além da lógica do mercado, do egoísmo manifesto sob um *pensamento* que privilegia o "eu" em detrimento do "outro", isto é, onde a alteridade não se faz presente mas é "alvo" ou "meta" a ser atingida.

Quando se trata da articulação entre a sociedade civil e o Estado, o espírito deve estar subordinado à busca da solidariedade e da justiça social. *Alianças* e *parcerias*, nesta relação, devem ocorrer sob um espaço público e não devem ser projetadas como estratégias de ganho no mercado, como espaços privados, mas como processos dialógicos nos quais a cidadania seja o elemento de regulação dessa relação. Para que esta regulação ocorra é necessário que a pessoa humana tenha conhecimento do que está ocorrendo sob o mundo globalizado.

> O processo de tomada de consciência (...) não é homogêneo, nem segundo os lugares, nem segundo as classes sociais ou situações profissionais, nem quanto aos indivíduos. A velocidade com que cada pessoa se apropria da verdade contida na história é diferente, tanto quanto a profundidade e coerência

dessa apropriação. A descoberta individual é, já, um passo a frente, ainda que possa parecer ao seu portador um caminho penoso, à medida das resistências circundantes a esse novo modo de pensar. O passo seguinte é a obtenção de uma visão sistêmica, isto é, a possibilidade de enxergar as situações e as causas atuantes como conjuntos e de localizá-los como um todo, mostrando sua interdependência. A partir daí, a discussão silenciosa consigo mesmo e o debate mais ou menos público com os demais ganham uma nova clareza e densidade, permitindo enxergar as relações de causa e efeito como uma corrente contínua, em que cada situação se inclui numa rede dinâmica, estruturada, à escala do mundo e à escala dos lugares (Santos, 2000, p. 168-69).

Finalmente, este texto teve a pretensão da mesma forma como um ensaio, ser um "impulso anti-sistemático e, sem cerimônias" (Cohn, 1994, p. 176), ao introduzir a sua redação por meio de um dos maiores ficcionistas da literatura portuguesa, Eça de Queiroz. A intenção de utilizar o livro *Alves & Cia.* foi, por um lado, sair da mesmice e de outro utilizá-lo como apoio crítico ao conteúdo das *alianças* e *parcerias*, estratégicas no ambiente de mercado.

Referências

CAMAROTTI, Ilka; SPINK, Peter. *Parcerias e pobreza*: soluções locais na construção de relações socioeconômicas. Rio de Janeiro: Editora da FGV, 2000.

CASTELLS, Manuel. *A sociedade em rede*. São Paulo: Paz e Terra, 1999, Vol. 1, 2 e 3.

COHN, Gabril (Org.). *Theodor W. Adorno*. São Paulo: Editora Ática, 1994.

COUTINHO, Luciano; FERRAZ, João Carlos (Coordenadores). *Estudo da competividade da indústria brasileira*. São Paulo: MCT/Ed. da Unicamp/Papirus, 1994.

DINIZ, Eli. *Globalização, reformas econômicas e elites empresariais*. Rio de Janeiro: Editora da FGV, 2000.

FERREIRA, Aurélio Buarque de Holanda. *Novo dicionário da língua portuguesa*. Rio de Janeiro: Editora Nova Fronteira, 1986.

FINGERMANN, Henrique (Org. ed. brasileira). *Parceria público-privado*: cooperação financeira e organizacional entre o setor privado e administrações públicas locais. São Paulo: Summus, 1993.

GIDDENS, Anthony. *A terceira via*: reflexões sobre o impasse político atual e o futuro da social-democracia. Rio de Janeiro: Record, 1999.

GUERREIRO RAMOS, Alberto. *A nova ciência das organizações*: uma reconceituação da riqueza das nações. Rio de Janeiro: Editora da FGV, 1981.

HAYEK, Friedrich A. *O caminho da servidão*. 5. ed. Rio de Janeiro: Instituto Liberal, 1990.

HOBSBAWN, Eric. *O novo século*: entrevista a Antonio Polito. São Paulo: Companhia das Letras, 2000.

KOSELLECK, Reinhart. *Crítica e crise*. Rio de Janeiro: Eduerj, Contraponto, 1999.

KURZ, Robert. A fábrica de sonhos do novo mercado. In: *Folha de São Paulo*, São Paulo: Folha de São Paulo – Mais, 26.03.2000.

MARCUSE, Herbert. *A ideologia da sociedade industrial*: o homem unidimensional. Zahar Editores, 1979.

MARQUES, Eduardo Cesar. Redes sociais e instituições na construção do Estado e da sua permeabilidade. In: *Revista Brasileira de Ciências Sociais*, São Paulo: ANPOCS, 1999, vol. 14, n.41, p. 45-63.

QUEIROZ, Eça de. *Alves & Cia*. Porto: Lello & Irmãos Editores, 1981.

SANTIS, Boaventura de Souza. *Pela mão de Alice*: o social e o político na pós-modernidade. São Paulo: Cortez, 1995.

SANTOS, Milton. *Por uma outra globalização*: do pensamento único à consciência universal. Rio de Janeiro: Record, 2000.

SOGGE, David (Ed.). *Compasión y cálculo: un análisis crítico de la cooperación no gubernamental al desarrollo*. Barcelona: Icaria Editorial/Transnational Institute, 1998.

SUBCOMANDANTE MARCOS. *Desde las montañas del sureste mexicano*. México: Plaza & Janés Editores, 1999.

TECGLEN, Eduardo Haro (Prólogo). *Pensamiento crítico vs. pensamiento único*. Madrid: Le Monde Diplomatique Edición Española, 1998.

TENÓRIO, Fernando G. Alianças e parcerias, uma estratégia em Alves & Cia. In: *Revista de Administração Pública*, Rio de Janeiro: EBAPE/FGV, vol. 34, n.3, maio/jun./2000a, p. 35-52.

_____. *Flexibilização, organizacional, mito ou realidade?* Rio de Janeiro: Editora da FGV, 2000b.

_____. Gestão social: uma perspectiva conceitual. In: *Revista de Administração Pública*. Rio de Janeiro: EBAPE/FGV, vol. 32, n.5, 1998, p. 7-23.

_____. Um espectro ronda o terceiro setor: o espectro do mercado. In: *Revista de Administração Pública*, Rio de Janeiro: EBAPE/FGV, vol. 33, n.5, 1999, p. 85-102.

IV

Inovando com Democracia, Ainda uma Utopia[1]

Introdução

O propósito deste ensaio é contribuir para discussão no âmbito do Comitê Técnico do *Programa Gestão Pública e Cidadania*, do significado de *inovação* na gestão pública. Um dos objetivos do *Programa* (PGPC)[2] é "descobrir as inovações e os inovadores nos níveis de governo subnacional".[3] Três são os incentivos para participar deste debate: a) estudos desenvolvidos no Programa de Estudos em Gestão Social (PEGS); b) o ensaio *Inovação na gestão pública no Brasil: uma aproximação teórico-conceitual*; c) a cidadania ainda ser um conceito utópico no Brasil.

---

[1] Originalmente publicado em *Novos Cadernos do NAEA* (1999).

[2] PGPC – "... ação conjunta da Escola de Administração de Empresas de São Paulo da Fundação Getulio Vargas (EAESP/FG) e da Fundação Ford, contando com o apoio do Banco Nacional de Desenvolvimento Econômico e Social (BNDES), o Programa Gestão Pública e Cidadania tem como objetivo encorajar estados, municípios e organizações próprias dos povos indígenas a compartilhar entre si as abordagens por eles usadas na solução de questões públicas e na resposta às necessidades sociais: avaliar e identificar as características-chave dessas inovações, e criar mecanismos para a ampla disseminação de práticas efetivas de governo" (Fujiwara, 1999, p. 1).

[3] Os outros objetivos são: focalizar e disseminar o que está indo bem na administração pública; aumentar o estoque de conhecimento sobre experiências alternativas em gestão pública; premiar as melhores iniciativas.

[a] No PEGS, que é uma linha de pesquisa implementada na Escola Brasileira de Administração Pública e de Empresas (EBAPE) da Fundação Getulio Vargas (FGV-Rio de Janeiro), procuramos estudar as relações entre a *Sociedade* e o *Estado*, assim como entre o *trabalho* e o *capital*. Geralmente, este tipo de discussão é pautado pela seqüência linear *Estado-Sociedade* e *capital-trabalho*. Entretanto, na perspectiva deste estudo, propositalmente, focalizamos a relação invertendo a posição destas categorias de análise: *Sociedade-Estado* e *trabalho-capital*. Aparentemente, esta mudança de posição dos temas não contribui, substantivamente, para uma análise dos fenômenos políticos, sociais e econômicos por eles gerados. No entanto, ao tomar como premissa que o estudo deve partir da ótica da *sociedade* e da ótica do *trabalho*, acreditamos mudar o enfoque de quem deve ser o protagonista no processo dessas relações – a *cidadania*. Portanto, o cidadão é o sujeito privilegiado de vocalização daquilo que interessa à *Sociedade* nas demandas ao *Estado* e daquilo que interessa ao *trabalhador* na interação com o *capital*. Isto é, a *cidadania* é vista não apenas como a base da soberania de um Estado-nação, mas também como expressão do pleno exercício de direitos exigíveis em benefício da pessoa humana e da comunidade.

[b] No artigo *Inovação na gestão pública no Brasil: uma aproximação teórico-conceitual* dos Professores Pinho e Santana (1988), são identificadas cinco categorias que poderiam contribuir para discutir o conceito de *inovação* na gestão pública: gestão democrática; descentralização e desburocratização dos serviços públicos; incorporação dos excluídos (maiorias) e minoriais; valores para trás; valores para frente. Embora os autores alertem "que essas categorias não esgotam as possibilidades de inovação" (Pinho, 1998, p. 8), neste en-

saio focalizaremos duas dessas categorias: *gestão democrática* [b1] e *valores para frente* [b2], à medida que elas tem afinidade com o conceito de *gestão social* [b3] utilizado no âmbito do PEGS.

[b1] Por *gestão democrática* os autores consideram "uma gestão participativa, comunitária, sem paternalismo, com combate ao clientelismo"; "pode ser vista também como a deselitização de políticas públicas, facilitando o acesso de bens normalmente direcionados à uma elite, uma minoria"; a *gestão democrática* é aquela também "que busca a participação de uma maneira mais ampla mas também localizada" (Pinho, 1988, p. 9). O exercício da cidadania, o cidadão como sujeito e não objeto, parece ser o eixo central do conceito de *gestão democrática* trabalhado por Pinho e Santana.

[b2] Já a categoria *valores para frente* significaria "valores que não existiam até recentemente e que começam a ser cultivados no presente como resultado de uma nova configuração econômica, social e política" (Pinho, 1998, p. 11). Parece ser este o caso do Brasil. A partir principalmente da Constituição de 1988, que foi denominada quando do término dos trabalhos da Assembléia Constituinte de *Constituição Cidadã*, dado que a *cidadania* foi o *ethos* central da discussão de toda Assembléia, este *valor* passou a se incorporar, daí em diante, na discussão da agenda brasileira.

[b3] Por *gestão social* entendemos a substituição da gestão tecnoburocrática, monológica, por um gerenciamento participativo, dialógico, no qual o processo decisório em uma dada sociedade, é exercido por meio dos diferentes sujeitos sociais. Este conceito sugere que a pessoa humana ao tomar ciência de sua função como sujeito social e não adjunto, ou seja, tendo conhecimento da substância social

do seu papel na organização da sociedade, deve atuar não somente como contribuinte, eleitor, trabalhador mas com uma presença ativa e solidária nos destinos de sua comunidade.

[c] Finalmente e apesar de [b2], consideramos que no Brasil a *cidadania* ainda não é um valor comunitário ideal, utópico, livre de conflitos na sociedade brasileira. Aqui esta variável social ainda não é plenamente considerada, quer nas discussões parlamentares aonde, salvo exceções, a política como um bem comum é substituída pelos interesses corporativos e/ou fisiológicos, quer nos ambientes das burocracias públicas aonde esta variável tem servido mais como expressão de retórica dos tecnoburocratas do que para atender às necessidades da cidadania substantiva.

Procurando melhor delimitar esta proposta de discussão, sistematizaremos o presente texto obedecendo a seguinte estrutura: identificação dos institutos constitucionais que referenciam o papel da cidadania na gestão pública; a partir da descrição do referencial teórico de Jürgen Habermas, nos aproximaremos do conceito de *cidadania deliberativa*; conclusão, na qual serão apontadas algumas inquietações e proposições no que diz respeito a possibilidade de envolvimento pleno da *cidadania* nas políticas públicas de governos subnacionais.

Elementos constitucionais

Se considerarmos que inovar significa tornar novo, introduzir novidades, a historiografia de *inovação* na burocracia pública brasileira vem desde os anos 30 aos dias de hoje, sendo alvo de diferentes propostas de mudança na sua estrutura legal, organizacional e operacional. Propostas originadas, na maioria das vezes, no setor público federal são reproduzidas ou tem efeitos sistêmicos, nos poderes públicos dos estados e municípios da federação.

Com a Constituição de 88, denominada de *constituição cidadã* surge, de maneira enfática, o papel do cidadão junto aos poderes públicos. E as recentes propostas de mudança da burocracia pública brasileira, notadamente aquelas contempladas no Plano Diretor da Reforma do Aparelho do Estado (1995), propõe quatro processos para a reforma, destacamos o seguinte:

> (c) o aumento da governabilidade, ou seja, do poder do governo, graças à existência de instituições políticas que garantam uma melhor intermediação de interesses e tornem mais legítimos e democráticos os governos, aperfeiçoando a democracia representativa e abrindo espaço para o controle social ou democracia direta. (Pereira, 1997, p. 19)

Por sua vez, a Constituição Federal de 1988, define no seu artigo primeiro, parágrafo único, a natureza e a finalidade do Estado brasileiro que se deseja instituir, bem como seus fundamentos:

> Art. 1º A República Federativa do Brasil, formada pela união indissolúvel dos Estados e Municípios e do Distrito Federal, constitui-se em Estado Democrático de Direito e tem como fundamentos:
> I – a soberania;
> II – *a cidadania* (grifo nosso);
> III – a dignidade da pessoa humana;
> IV – os valores sociais do trabalho e da livre iniciativa;
> V – o pluralismo político.

Parágrafo único. Todo o poder emana do povo, que o exerce por meio de representantes eleitos ou diretamente, nos termos desta Constituição.

A democracia participativa nos termos da Constituição Federal de 1988 é, portanto, entendida como elemento intrínseco do Estado Democrático de Direito,

> processo de convivência social numa sociedade livre, justa e solidária (Art. 3º, II), em que o poder emana do povo e deve ser exercido em proveito do povo, diretamente ou por representantes eleitos (Art. 1º); participativa, porque envolve a participação crescente do povo no processo decisório e na formação dos atos de governo. (Silva, 1995, p. 120)

Os constituintes entenderam, portanto, que o regime político brasileiro deveria ser uma democracia semidireta, combinando elementos de participação indireta (representação) e de participação direta. Segundo o princípio participativo, foram acolhidos na Constituição diversos institutos jurídicos nos capítulos referentes ao planejamento e gestão de políticas públicas, fiscalização da administração pública, defesa e garantia de direitos coletivos, gestão de empresas privadas e vida política em geral.

A Constituição Federal de 1988, estabelece os seguintes institutos jurídicos sobre participação popular:[4] (Dantas, 1991)

a) *Iniciativa Popular* (art. 14, III, 27, 29, XI e 61, § 2º): participação popular no processo legislativo, através da apresentação de projetos de lei para apreciação pelo Poder Legislativo. No caso da União,

---

[4] Sumário feito de acordo com Dantas, José Lucena, 1991.

o projeto popular deve ser subscrito por, no mínimo um por cento do eleitorado nacional, distribuídos pelo menos em cinco estados, com não menos de três décimos por cento dos eleitores de cada um deles;[5]

b) *Referendo* (art. 14, II e 49, XV): forma de consulta popular em que os projetos de lei aprovados pelo legislativo devem ser submetidos à aprovação popular para que possam entrar em vigor;

c) *Plebiscito* (art. 14, I e 18, § § 3º e 4º): consulta popular semelhante ao referendo. Difere deste à medida que se trata de submeter previamente à aprovação popular um projeto de lei, antes de levá-lo à apreciação do Poder Legislativo;

d) *Colegiados de Órgãos Públicos* (art. 10): assegura a participação de trabalhadores e empregadores nos colegiados de órgãos públicos em que seus interesses profissionais ou previdenciários sejam objeto de discussão e deliberação;

e) *Planejamento Público* (art. 29, XII): estabelece a obrigatoriedade de participação no planejamento público, em nível municipal, das associações representativas;

f) *Seguridade Social* (art. 194, § único, VII): determina o caráter democrático e descentralizado da gestão administrativa da seguridade social, ou seja, dos direitos relativos à saúde, previdência e as-

---

[5] No caso dos municípios, a Constituição determina que a iniciativa popular deverá ser subscrita por, no mínimo, cinco por cento do eleitorado. Não existe iniciativa popular em matéria constitucional. Apesar da dificuldade interposta em termos numéricos, a admissão da iniciativa popular representa uma quebra no poder de propor leis, antes exclusivo do Executivo e Legislativo.

sistência social. O aspecto democrático remete à participação da comunidade, em especial dos trabalhadores, empresários e aposentados na gestão, conforme dispuser a lei de organização de cada setor;[6]

g) *Ensino Público* (art. 206, VI): admite-se, em caráter genérico, a gestão democrática do ensino publico, remetendo-se à lei sua regulamentação;[7]

h) *Cultura* (art. 216, § 1º): prevê a participação da comunidade, juntamente com o Poder Público, em todas as ações voltadas à defesa e promoção do patrimônio cultural;

i) *Atendimento aos direitos da criança e adolescente* (art. 227, § 7º): estabelece como dever da família, da sociedade e do Estado assegurar à criança e ao adolescente, com absoluta prioridade, o direito à vida, à saúde, à alimentação, à educação, ao lazer, à profissionalização, à cultura, à dignidade, ao respeito, à liberdade e à convivência familiar e comunitária.[8] (Dantas, 1991, p. 9).

---

[6] O disposto neste artigo seria levado em conta quando da aprovação do Sistema Único de Saúde (Sus), artigo 198, I e III, bem como na Lei de Organização da Assistência Social (Loas).

[7] Decisão do Supremo Tribunal Federal, julgou inconstitucional a eleição para os cargos de diretores de escolas públicas alegando que são cargos comissionados, portanto não podendo ser escolhidos em eleições diretas pelas comunidades escolares.

[8] No parágrafo 7º fixa-se que as diretrizes relativas à política de proteção à infância e adolescência devem levar em conta a descentralização político-administrativa e a participação de organizações representativas da sociedade na formulação das políticas e no controle das ações em todos os níveis. "Essas diretrizes foram incorporadas ao Estatuto da Criança e do Adolescente, aprovado pelo Congresso Nacional, o qual além de se estabelecer a forma e os mecanismos do exercício dos direitos, adotou a organização descentralizada do atendimento e instituiu os Conselhos Comunitários".

As constituições estaduais e leis orgânicas municipais, de acordo com as normas da federação brasileira, seguiram os princípios fundamentais da Constituição Federal. A Constituição Federal, no Brasil, é rígida e limita a autonomia dos entes da federação, isto é, "nem o governo federal, nem os governos dos estados, nem os dos municípios ou do Distrito Federal são soberanos, porque todos são limitados, expressa ou implicitamente, pelas normas positivas daquela lei fundamental. Exercem suas atribuições nos termos nela estabelecidos (Silva, 1995, p. 49). Entendida a constituição "como interpretação e configuração de um sistema de direitos que faz valer o nexo interno entre autonomia privada e pública" (Habermas, 1997, p. 346, vol. I), passaremos a descrever a relação conceitual entre *cidadania liberal, republicana* e *deliberativa*.

Cidadania deliberativa

A fim de complementar a leitura dos institutos jurídicos estabelecidos na Constituição brasileira, focalizaremos o pensamento teórico-social de Jürgen Habermas que desenvolve uma análise comparativa entre os "tipos ideais", classificatórios, de *política liberal, republicana* e *deliberativa*. No entanto, antes disso, cabe uma observação prévia a respeito da utilização neste ensaio da teoria social habermaseana.

Os estudos habermaseanos para fazer a distinção entre estas três formas de *políticas*, originam-se da compreensão norte-americana sobre o significado das concepções *liberal* e *republicana*, para chegar a uma terceira: "concepção procidimental de política deliberativa" (Habermas, 1995, p. 39). Apesar dos contextos sócio-político-econômico, tanto o estadunidense quanto o habermaseano diferenciarem do brasileiro, primeiro mundo –EUA e Alemanha, do terceiro mundo – Brasil, a proposta de J. Habermas enquanto teoria social, isto é, enquanto referência conceitual, à semelhança de outras, também estimula a discussão que pretendemos focalizar neste ensaio. Habermas é considerado um dos principais filósofos da atualidade e a sua produção teórica vem dos anos 50 aos nossos dias. Portanto, a compreensão dos conceitos de *cidadania liberal, republicana* e *deliberativa*, não pode estar dissociada do conjunto de sua obra bem como da intenção de qualquer proposta teórico-crítica: definição de conteúdos que orientem processos de reconstrução epistemológica.

Esta observação prévia é para não caracterizar a descrição do conceito de *cidadania deliberativa* como ingênua à medida que, a princípio, tal conceito seria aplicável somente a sociedades desenvolvidas. Como referência epistemológica, isto é, como insinuação de um conhecimento que pode ser (re)orientador de outros, particularmente àqueles dirigidos à dialogicidade, à intersubjetividade visando a democratização dessa relação social, o conceito de *cidadania deliberativa* originado de Jürgen Habermas, contribui para o intento. Segundo o próprio autor

> uma sociologia reconstrutiva da democracia tem que escolher seus conceitos básicos de tal modo que estes permitam identificar nas práticas políticas fragmentos e partículas de uma "razão existente", mesmo que distorcida (Habermas, 1997, p. 9, V. II).

O estudo comparativo dos conceitos de *política liberal, republicana* e *deliberativa*, pode ser feito a partir da seguinte bibliografia: *Três Modelos Normativos de Democracia* (Habermas, 1995), assim como em

Direito e democracia: entre facticidade e validade (Habermas, 1997, V. I e II). O primeiro publicado em 1991, após conferência de Habermas sobre "Teoria da democracia" na Universidade de Valência, em outubro de 1991.[9]

O primeiro estudo tem início com o significado de *ação política* e que caracterizaria, de acordo com a análise habermaseana, a diferença entre estes "enfoques rivais" no processo democrático.

> Segundo a *concepção liberal* o processo democrático cumpre a tarefa de programar o Estado no interesse da sociedade, entendendo-se o Estado como o aparato de administração pública e a sociedade como o sistema, estruturado em termos de uma economia de mercado, de relações entre pessoas privadas e do seu trabalho social. A política (no sentido da formação política da vontade dos cidadãos) tem a função de agregar e impor os interesses sociais privados perante um aparato estatal especializado no emprego administrativo do poder político para garantir fins coletivos (Habermas, 1995, p. 39).

Nesta percepção os indivíduos atuam em função de seus interesses pessoais, porém em consonância com as leis do Estado. O Estado, através da administração pública, implementa negociações com as pessoas privadas, com a sociedade civil. No entanto, a orientação ideológica desta percepção é o mercado onde interesses egoístas são direcionados, calculados, estrategicamente visando antes o sucesso que a solidariedade, interesses sociais privados que o bem comum. Contrária a esta posição da *política liberal* que atua como mediadora entre o Estado e os civis, na *política republicana* estes são orientados para a *pólis*, para o bem comum.

---

[9] A nossa referência bibliográfica é *Lua Nova*, n. 36, 1995.

Segundo a *concepção republicana* a política não se esgota nessa função de mediação. Ela é um elemento constitutivo do processo de formação da sociedade como um todo. A política é entendida como uma forma de reflexão de um complexo de vida ético (no sentido de Hegel). Ela constitui o meio em que os membros de comunidades solidárias, de caráter mais ou menos natural, se dão conta de sua dependência recíproca, e, com vontade e consciência, levam adiante essas relações de reconhecimento recíproco em que se encontram, transformando-as em uma associação de portadores de direitos livres e iguais (Habermas, 1995, p. 39-40).

A conseqüência dessa análise do processo político são as duas formas de cidadão daí resultantes. O conceito de *cidadão* na perspectiva *liberal* é definido em função dos "direitos subjetivos que eles têm diante do Estado e dos demais cidadãos (...) em prol de seus interesses privados dentro dos limites estabelecidos pelas leis" (Habermas, 1995, p. 40). Já sob o conceito *republicano*, o *cidadão* não é aquele que usa a liberdade só para desempenho como pessoa privada, mas tem na participação uma prática comum "cujo exercício é o que permite aos cidadãos se converterem no que querem ser: atores políticos responsáveis de uma comunidade de pessoas livres e iguais", já que se espera dos cidadãos "muito mais do que meramente orientarem-se por seus interesses privados" (Habermas, 1995, p. 41). Daí derivam as seguintes inferências:

> Na interpretação liberal, o *status* de cidadão determina-se primariamente a partir dos direitos negativos que eles possuem em relação ao Estado e outros cidadãos. Enquanto portadores desses direitos, eles gozam, não somente da proteção do Estado, na medida em que perseguem seus interesses privados no âmbi-

to de limites traçados por leis, como também a proteção contra intervenções do Estado que ultrapassam o nível de intervenção legal. Os direitos políticos (...) proporcionam aos cidadãos a possibilidade de fazer valer de tal modo seus interesses privados, que no final – através da formação do governo, da composição de corporações parlamentares e de votações – eles se agregam com outros interesses privados, formando uma vontade política que influencia a administração.

(...)

Na interpretação republicana, o *status* dos civis não se determina pelo modelo das liberdades negativas que essas pessoas privadas, *enquanto tais*, podem reclamar. Os direitos dos cidadãos, em primeira linha os direitos políticos de participação e de comunicação, são, ao invés, liberdades positivas. (...) Nesta medida, o processo político não serve apenas ao controle da atividade do Estado através de civis (...). Tampouco ele preenche uma função de charneira entre o Estado e a sociedade. Ele resulta muito mais do poder produzido comunicativamente na prática de auto-determinação de cidadãos e se legitima pelo fato de proteger essa prática através da institucionalização da liberdade pública. (...) Com isso, exige-se do cidadão republicano muito mais do que a simples orientação pelo próprio interesse (Habermas, 1997, p. 334-35, vol. I).[10]

A esta análise comparativa de "tipos ideais", Habermas vai acrescentar uma outra maneira conclusiva do significado de cidadão: *o modelo da deliberação*. Proposta que Habermas "gostaria de defender" pois apoia-se "nas condições de comunicação" e que "reno-

---

[10] Habermas aponta a vantagem e a desvantagem do modelo republicano: "A vantagem, vejo-a em que se atém ao sentido democrata radical de uma auto-organização da sociedade por cidadãos unidos comunicativamente, e em não fazer com que os fins coletivos sejam derivados somente de um arranjo entre interesses privados conflitantes. Vejo sua desvantagem no idealismo excessivo que há em tornar o processo democrático dependente das virtudes de cidadãos orientados para o bem comum" (Habermas, 1995, p. 44).

va-se na rememoração ritual do ato de fundação republicana" (Habermas, 1995, p. 45-46), concepção de cidadania que está assentada no significado de ações comunicativas, voltadas para o entendimento, ao invés de ações estratégicas, voltadas para o êxito.

O processo da *política deliberativa* não fica restrito às corporações parlamentares, mas orienta-se através da esfera pública política fundada numa teoria de discurso, de pressupostos comunicativos e procedimentais, sob a qual o processo deliberativo surge por meio do melhor argumento, da ação comunicativa. Ação onde os sujeitos sociais, ao fazerem suas propostas, têm de apresentá-las sob bases racionais, quer dizer, nenhuma das partes pode impor suas pretensões de validade sem que haja um acordo alcançado comunicativamente, no qual todos os participantes expõem os seus argumentos. Existe argumento quando os requisitos de validade se tornam explícitos em termos de até que ponto podem ser oferecidas boas razões, portanto, discursivamente. Quem fala expõe suas idéias de maneira racional e quem ouve reage tomando posições motivadas também pela razão. Ou seja, dizer que alguém está atuando racionalmente ou que um enunciado é racional, é como dizer que a ação ou o enunciado pode ser criticado ou defendido pela pessoa ou pessoas implicadas, de tal modo que estas possam justificá-las ou fundamentá-las. Neste tipo de ação social as pessoas envolvidas entram em acordo para coordenar seus planos de ação, no qual o ajuste alcançado é avaliado pelo reconhecimento intersubjetivo das pretensões de validade do discurso de cada um dos sujeitos envolvidos.

> Conforme essa concepção [*cidadania deliberativa*] a razão prática se afastaria dos direitos universais do homem (liberalismo) ou da eticidade concreta de uma determinada comunidade (co-

munitarismo) para se situar naquelas normas de discurso e de formas de argumentação que retiram seu conteúdo normativo do fundamento da validade da ação orientada para o entendimento, e, em última instância, portanto, da própria estrutura da comunicação lingüística (Habermas, 1995, p. 46).

O significado de *cidadania deliberativa* procura superar a concepção *liberal* assim como a *republicana* por meio da *soberania popular*. No primeiro caso, os indivíduos cedem ao poder político parte de seus direitos e este tem a função de arbitrar os conflitos entre os interesses privados e sociais. No segundo, o poder político é o administrador e fiador da soberania do povo e instrumento de construção da sociedade.

Já o conceito de *soberania popular* tem a ver com a perspectiva de um processo permanente de intercâmbio comunicativo e de formação de opinião pública. Esta se articula por meio da intersubjetividade e da interação permanente dos membros de uma sociedade atuando sob a força social integradora da solidariedade. "Somente quando esta trama comunicativa permite este exercício permanente de direitos individuais e de expressão social, pode desenvolver-se uma dinâmica de relações entre a sociedade civil e o Estado (...)" (Boladeras, 1996, p. 149).

Com o conceito de *cidadania deliberativa*, fundamentada na noção habermaseana de ação comunicativa (perspectiva crítica e autoreflexiva), esboça-se a imagem de uma sociedade descentralizada e que se caracteriza por um espaço público que serve para apresentar, identificar e solucionar problemas sociais. Neste tipo de cidadania a solução das questões subnacionais, por exemplo, não deve ser planejada exclusivamente pelo poder político e/ou tecnoburocrático ou atender a interesses sociais corporativos, mas compartilhar com a sociedade civil por meio de um procedimento político argumentativo no qual a cidadania delibera, decide, com os outros poderes, os interesses da comunidade.

Portanto, esta concepção de *cidadania* deve ser entendida como uma *ação política deliberativa*, na qual o indivíduo deve participar de um procedimento democrático decidindo, nas diferentes instâncias de uma sociedade e em diferentes papéis, o seu destino social como pessoa humana, quer como eleitor, trabalhador ou consumidor, ou seja, a sua autodeterminação não se dá, exclusivamente, sob a lógica do mercado ou da tecnoburocracia estatal mas da democracia social: igualdade política e decisória. Esta concepção de *cidadania deliberativa* nos permite concluir que Habermas defende a posição que o cidadão deve ser democraticamente ativo, ou seja, significa a possibilidade concreta dos indivíduos influirem na transformação de sua própria situação no âmbito que vive e atua.

Conclusão, ainda uma utopia

A partir dos três incentivos apontados na introdução deste ensaio (item I): a) estudos desenvolvidos no Programa de Estudos em Gestão Social (PEGS); b) o ensaio *Inovação na gestão pública no Brasil: uma aproximação teórico-conceitual*; c) a cidadania ainda ser um conceito utópico no Brasil; e considerando os conteúdos dos itens II e III, referencial constitucional e teórico-social, pretendemos concluir este ensaio apontando, por um lado, algumas inquietações que podem reforçar a posição de que a *cidadania* no Brasil, ainda é uma *utopia* e, de outro, proposições gerais em direção a *utopia*.

As inquietações serão referenciadas a partir das 300 experiências semifinalistas avaliadas nos anos de 1996, 1997 e 1998 do concurso promovido pelo *Programa Gestão Pública e Cidadania*. Avaliação que tinha como objetivo central, verificar se as propostas de participação popular utilizadas nos programas e/ou projetos corroboravam a pretensão do envolvimento de uma *cidadania* ativa, *deliberativa*.

Uma observação nesta conclusão é quanto ao método de análise empregado nos 300 programas e/ou projetos estudados. O método foi o de *análise temática* "que consiste em descobrir *núcleos de sentido* que compõem uma comunicação cuja *presença* ou *freqüência* signifiquem alguma coisa para o objetivo analítico visado" (Minayo, 1998, p. 209). Neste caso, procurávamos aquelas expressões descritas nos documentos enviados ao *Programa Gestão Pública e Cidadania*, que significassem o envolvimento da *cidadania* nos processos decisórios dos programas e/ou projetos semifinalistas.

Apesar da palavra *utopia*, derivada do grego, significar "nenhum lugar", muitas formas de pensamento e/ou projetos sociais, possuem elemento utópico e é assim que pretendemos entender esta expressão. No caso específico deste ensaio a *cidadania deliberativa*, como *utopia*, seria um valor comunitário ideal que contribuiria, por meio de ações comunicativas, com os governos subnacionais – estaduais e/ou municipais – na solução de problemas ali existentes. Ou seja, de uma *cidadania* ativa e não dependente exclusivamente dos poderes executivo, legislativo e judiciário, no qual a relação entre a *sociedade civil* e *Estado* se daria pela ótica do primeiro.

A partir das propostas de participação popular identificadas nos 300 semifinalistas e tendo como referência de análise a *utopia* de uma *cidadania* comunitária, *deliberativa*, envolvida com o poder público de forma solidária na solução de suas necessidades, algumas questões foram percebidas nesta análise e que contribuem para reforçar a hipótese de que a *inovação* da burocracia pública brasileira dos governos subnacionais por meio da participação popular, ainda é uma *utopia*.

Os 300 projetos analisados não apresentaram resultados substantivamente diferentes quanto à participação da cidadania. Parece ser que os governos estaduais e municipais, desenvolvem seus projetos ainda dependentes de situações estruturais – política, econômica e social – que dificultam as inovações pretendidas com o envolvimento de setores organizados da sociedade e/ou da *cidadania* propriamente dita. Apesar de soluções criativas neste sentido serem promovidas, alguns elementos, ainda que de caráter genérico, podem ser apontados como inquietantes ou impeditivos da prática democrática na gestão da *res* pública subnacional:

- Viés burocrático e/ou tecnoburocrático na concepção da participação da cidadania nos programas e/ou projetos.
- Práticas gerenciais enfocadas em resultados e não em processos de envolvimento da cidadania.
- O exercício da participação popular implementado, na maioria das vezes, em programas e/ou projetos de baixo custo orçamentário.
- O envolvimento da cidadania como retórica e não como ação efetiva no processo de tomada de decisão das políticas públicas.

Parece ser, portanto, que o processo político no Brasil orienta-se mais no sentido do "tipo" de *política liberal*, no qual processos estratégicos, monológicos, se sobrepõem tanto àqueles de procedimento participativo, de *política republicana*, como argumentativo, *de política liberal* no qual a cidadania participa decidindo com o setor público.

Se considerarmos as afinidades entre os estudos desenvolvidos no PEGS, do conceito de *gestão democrática* e *valores para frente* dos professores Pinho e Santana, dos institutos jurídicos pontificados na Constituição Federal de 1988 e da definição de *cidadania deliberativa* de Jürgen Habermas, chegaremos a conclusão, a partir dos 300 casos analisados que, salvo excessões, a prática da *inovação* na gestão dos governos subnacionais no Brasil por meio da participação da *cidadania*, ainda é uma *utopia*, ou melhor, *distopia*. Distopia à medida que o conhecimento exercitado pelas propostas de participação da cidadania em programas e/ou projetos subnacionais, parecem estar fundados em uma anomalia congênita da tecnoburocracia pública brasileira ou, de maneira mais otimista, em uma pedagogia diretiva ao invés de emancipatória, sob a qual as práticas sociais tradicionais são transformadas em procedimentos dialógicos.

Portanto, inovar na gestão pública de governos subnacionais, porque não nacional, é guardar razoabilidade com os preceitos constitucionais e com *processos políticos deliberativos*, ou seja, de uma cidadania ativa, que atui no entendimento com o Estado, na solução comunitária de seus problemas. Para tanto, os governos subnacionais para atuarem com inovação, com democracia, deveriam, ao menos:

- reconhecer que a comunidade tem capacidade de contribuir para o seu próprio desenvolvimento;
- trabalhar com a participação da comunidade em todo o processo de planejamento da política pública;

- compreender os valores, costumes, crenças, necessidades e objetivos da comunidade;
- desenvolver permanente delegação de poder ao pessoal que trabalha no nível operacional; e
- que a tecnoburocracia atue numa perspectiva de funcionário para cidadão-funcionário.

Referências

BOLADERAS, Margarita. *Comunicación, ética y política*. Habermas y sus críticos. Madrid: Tecnos, 1996.

BRASIL. *Constituição da República Federativa do Brasil*. Senado Federal, Centro Gráfico, 1994.

DANTAS, José Lucena. *O direito de participação na Constituição Federal de 1988* (resenha). Rio de Janeiro: Centro Brasileiro de Cooperação e Intercâmbio de Serviços Sociais – CBCISS, n.234, 1991.

FUJIWARA, Luis Mario et al. *20 experiências de gestão pública e cidadania*. São Paulo: Programa Gestão Pública e Cidadania, 1999.

HABERMAS, Jürgen. Três modelos normativos de democracia. In: *Lua Nova* – Revista de Cultura e Política. São Paulo: Centro de Estudos de Cultura Contemporânea, (36): 39-53, 1995.

_____. *Direito e democracia*: entre facticidade e validade. Rio de Janeiro: Tempo Brasileiro, 1997, Vol. I e II.

MINAYO, Maria Cecília de S. *O desafio do conhecimento*: pesquisa qualitativa em saúde. Rio de Janeiro; São Paulo: Hicitec, Abrasco, 1998.

PEREIRA, Luiz Carlos Bresser. *A reforma do Estado dos anos 90*: lógica e mecanismos de controle. Brasília: Ministério da Administração Federal e Reforma do Estado, 1997.

PINHO, José Antonio G. de; SANTANA, Mercejane W. "Inovação na gestão pública no Brasil: uma aproximação teórico-conceitual." ENANPAD, 22., 1988, Foz do Iguaçú. *Anais...* Foz do Iguaçu, Área Administração Pública, 1988.

SILVA, Paulo R. Guimarães; D'ARC, Héléne Rivière. Participação social: instrumento de gestão pública? Elementos para um debate sobre gestão de cidades brasileiras. Quais as perspectivas nos anos 90? In: *Revista de Administração Pública*, Rio de Janeiro: EBAPE/FGV, número 2, 1995.

TENÓRIO, Fernando G. Inovando com democracia, ainda uma utopia. In: *Novos Cadernos do NAEA*, Belém: Núcleo de Altos Estudos da Amazônia, UFPA, vol. 2, n.1, p. 155-168, jun./1999.

TENÓRIO, Fernando G.; LUSTOSA, Frederico et al. Pesquisa: Participação cidadã na gestão pública: práticas e representações sociais – Relatório marco legal da participação cidadã no Município do Rio de Janeiro. *Cadernos EBAP*, Rio de Janeiro: PEGS/EBAPE/FGV, n.5, 1999.

TENÓRIO, Fernando G.; ROZENBERG, Jacob E. Gestão pública e cidadania: metodologias participativas em ação. In: *Cadernos Gestão Pública e Cidadania*, São Paulo: EAESP/FGV, Vol. 7, 1997.

TENÓRIO, Fernando G.; CUNHA, P. G. Augusto. Relatório sobre as experiências semifinalistas do Programa Gestão Pública e Cidadania. In: *Cadernos Gestão Pública e Cidadania*, São Paulo: EAESP/FGV, Vol. 10, 1998.

TENÓRIO, Fernando G. Gestão social: uma perspectiva conceitual. In: *Revista de Administração Pública*, Rio de Janeiro: EBAPE/FGV, 32(5): 7-23, set./out. 1998.

_____; STORINO, Gylcilene Ribeiro. A sociedade é protagonista na relação com o Estado. In: *Cadernos Gestão Pública e Cidadania*. São Paulo: EAESP/FGV, no prelo, 1999.

V
Seis Estudos Sobre Desenvolvimento Local com Cidadania[1]

O Programa de Estudos em Gestão Social (Pegs), executado na Escola Brasileira de Administração Pública e de Empresas (Ebape) da Fundação Getulio Vargas (FGV), propõe que os estudos sobre gestão organizacional, assim como aqueles voltados para o desenvolvimento regional, sejam dirigidos a partir da perspectiva de processos em que a ação gerencial se desenvolva por intermédio da interação negociada entre os atores sociais, sejam organizações públicas, privadas, públicas não-governamentais ou de movimentos da sociedade civil.

Dessa forma o PEGS aparece como um programa dedicado à produção de estudos e à divulgação de experiências em gestão social que promovam a criação de espaços públicos nos quais a cidadania manifeste e ponha em prática os seus desejos de bem-estar social. Entende-se por gestão social os processos em que a ação gerencial se desenvolve por meio da interação negociada entre os atores sociais, perdendo o caráter tecnoburocrático em função da relação direta entre gestão e participação, o que possibilita utilizar esquemas organizacionais diferenciados e múltiplos.

---

[1] Os seis estudos aqui resumidos são apresentados de forma ampliada em Tenório, Fernando G. *Cidadania e desenvolvimento local*. Ijuí (RS): Editora Unijuí, 2007.

Indo ao encontro das discussões e ações desenvolvidas no âmbito do referido Programa, este artigo resume os resultados de um projeto de pesquisa que pretendeu analisar de que forma práticas de gestão municipal contribuem para o desenvolvimento local e o fortalecimento da cidadania. Para tanto o estudo procurou observar em seis regiões do Brasil qual a importância da participação cidadã, seja de forma individual ou por meio de organizações da sociedade civil, no desenvolvimento de suas comunidades.

Para a realização da pesquisa, o PEGS contou com as seguintes parcerias: *Programa Gestão Pública e Cidadania* (PGPC), da Escola de Administração de Empresas de São Paulo (EAESP), da Fundação Getulio Vargas; do *curso de Mestrado em Desenvolvimento* da Universidade Regional do Noroeste do Estado do Rio Grande do Sul (Unijuí). O apoio financeiro foi proporcionado pelo Propesquisa da Ebape/FGV; The William and Flora Hewllet Foundation em convênio com a PGPC/EAESP/FGV; bolsa de estágio pós-doutoral da Fundação Coordenação de Aperfeiçoamento de Pessoal de Nível Superior (Capes), do Ministério da Educação e recursos financeiros da Fundação de Apoio à Pesquisa do Estado do Rio Grande do Sul (Fapergs) em convênio com a Unijuí.

Diversas parcerias acadêmicas também foram constituídas no apoio à divulgação dos resultados da pesquisa: *Mestrado em Bens Culturais e Projetos Sociais* do Centro de Pesquisa e Documentação de História Contemporânea do Brasil (CPDOC) da FGV; *Programa de Desenvolvimento e Gestão Social* da Escola de Administração da Universidade Federal da Bahia (UFBA); Faculdade de Administração de Garanhuns (PE); *Programa de Pós-Graduação em Administração* da Universidade Federal de Lavras (MG).

Os estudos realizados nos Estados do Maranhão, Minas Gerais, Rio de Janeiro e Rio Grande do Sul contribuíram para as seguintes dissertações de Mestrado (pela ordem de defesa): Valdeir Martins de Faria, ex-aluno do curso de Mestrado em Administração Pública da Ebape – *Desenvolvimento local, cidadania e redes sociais: um estudo em Minas Gerais*; Carlos Frederico Bom Kramer, ex-aluno do curso de Mestrado em Administração Pública da Ebape – *Desenvolvimento local, cidadania e arranjo produtivo local: um estudo no Estado do Rio de Janeiro*; Marília de Sant'Anna Faria, ex-aluna do curso de Mestrado em Bens Culturais e Projetos Sociais do CPDOC – *O Conselho Municipal de Desenvolvimento Sustentável e a gestão de recursos hídricos: um estudo na Bacia do Itabapoana*; João Conrado de Amorim Carvalho, ex-aluno do curso de Mestrado em Administração de Empresas da Ebape – *Desenvolvimento sustentável e turismo: o caso Lençóis Maranhenses*; Andréa Zamin Saad, ex-aluna do curso de Mestrado em Desenvolvimento da Unijuí – *Ações de fomento à cidadania e implicações no desenvolvimento local*.[2]

Cabe destacar que este artigo não pretende ser um manual de boas práticas em gestão do desenvolvimento local com participação cidadã. O objetivo é tão-somente reproduzir uma experiência didática que contemplou dois grandes momentos: a) discussão do referencial teórico e metodológico de uma pesquisa; b) elaboração por mestrandos e doutorandos de suas respectivas dissertações e teses. Assim, o resultado desta pesquisa procurou constituir aquilo que é desejável no processo ensino-aprendizagem, a relação teoria-prática. Espera-se

---

[2] Esta dissertação foi orientada pelo professor Dieter Rugard Siedenberg, do curso de Mestrado em Desenvolvimento da Unijuí.

que o conteúdo aqui apresentado possa, de algum modo, contribuir não só para complementar outras experiências pedagógicas, mas servir de referência àquelas propostas que procuram promover o desenvolvimento local de forma mais democrática.

Desenvolvimento Local com Cidadania

Pensar o desenvolvimento local[3] requer o envolvimento de diversas dimensões: econômica, social, cultural, ambiental e físico-territorial, político-institucional e científico-tecnológica. Implica considerar os diferentes aspectos de inter-relacionamento ativo dos diversos atores da sociedade. Nesse sentido importa, necessariamente, uma profunda transformação das relações sociais – não apenas dos processos gerenciais e técnicos de produção – incluindo também a preservação ambiental, uma vez que a incorporação dessa dimensão às estratégias, programas e projetos de desenvolvimento tem como objetivo assegurar melhores condições materiais e a sustentabilidade do território, segundo as suas condições e vocações.

Os processos de desenvolvimento local exigem esforços articulados de atores estatais e da sociedade,[4] dispostos a levar adiante projetos que surjam da negociação de interesses, inclusive divergentes e em conflito. Assim sendo, a lógica do desenvolvimento local necessita do surgimento e fortalecimento de atores inscritos em seus territórios

---

[3] Local aqui será identificado como aquele espaço territorial delimitado em sub-regiões, municípios ou cidades.

[4] A expressão sociedade em relação ao Estado compreenderá a sociedade civil e o mercado.

e com capacidade de iniciativa e propostas socioeconômicas que promovam as potencialidades locais, apostando em uma melhora integral da qualidade de vida da população (Marsiglia, 1996, p. 75).

Com relação à iniciativa local, o seu desenvolvimento supõe processos de engajamento de atores capazes de iniciativa. A experiência de novas fontes de energia, a renovação de atividades tradicionais, a introdução de novas tecnologias, a abertura de canais de comercialização, a revitalização da agricultura familiar, da pequena empresa e do artesanato, a exploração sustentável dos recursos, a ampliação dos sistemas de crédito e outras alternativas supõem uma dose elevada de mobilização do conjunto dos atores locais, inclusive em áreas de serviços essenciais como saneamento, água e luz.

Os atores locais, por sua vez, são todos aqueles agentes que, no campo político, econômico, social e cultural, são portadores e fomentadores das potencialidades locais. Para isso, o ator deve ser integrante da sociedade e reconhecer-se em sua história e em seu sistema de normas e valores. Ator que forma parte de uma história e é também portador de alternativas (Arocena, 1988, p. 14).

As ações locais de desenvolvimento não podem ocorrer como monopólio do poder público. Este deve funcionar como um articulador e facilitador de ações, que só terão eficácia quando representativas de um projeto de desenvolvimento apropriado pela sociedade, no qual o poder público seja apenas um dos agentes envolvidos. É importante trabalhar também com a cultura local para afirmar direitos. Qualquer ação local de desenvolvimento deve ser organizada de maneira a garantir a afirmação de direitos iguais para todos os grupos da sociedade. Onde a cidadania não é um conceito absorvido e vivenciado pela maioria da população, exige-se uma grande preocupação com a criação de uma cultura política democrática (Dowbor, 1996, p. 43).

Isto implica diferentes padrões nas relações sociais dentro das organizações e um perfil de liderança distinto, caracterizado pelo envolvimento e a participação das pessoas nos diversos programas e projetos. Um objetivo central desses líderes será a consecução de uma participação efetiva dos diferentes grupos de interesse e comunidades nas decisões. Isto requer uma contextualização cultural do processo decisório de maneira que, além da abertura para a participação democrática dos diversos atores, esse processo possibilite um fluxo de informações em todos os sentidos, permitindo que os diferentes setores recebam informações e participem da elaboração dos planos de ação a serem instituídos (Rattner, 1992).

Dessa forma, objetivando alcançar o desenvolvimento local, esta pesquisa baseou-se na idéia de que os problemas socioeconômicos não podem ser mais resolvidos pela ação independente do Estado. Isso tem levado a repensar o papel da gestão pública. A terminologia contemporânea reflete essas mudanças e começa a conotar conceitos como governança,[5] que enfatiza o papel dos cidadãos – individualmente ou organizados em entidades associativas – no processo político, partindo da identificação dos problemas, à formulação, efetivação e avaliação dos resultados. A aproximação da governança com a democracia traz alguns problemas de legitimidade ou pluralismo e enfatiza a necessidade de gerenciar o setor público de modo transparente, participativo, criativo e responsável.

A operacionalização da governança democrática combina a ação interorganizacional – reconhecida como um componente integral da instituição de várias políticas – com um conjunto amplo de relações.

---

[5] Segundo Fischer (1996, p. 19), "*governance* é um conceito plural, que compreende não apenas a substância da gestão, mas a relação entre os agentes envolvidos, a construção de espaços de negociação e os vários papéis desempenhados pelos agentes do processo".

Essas relações podem ser estabelecidas entre governos, empresas, ONGs, associações comunitárias, etc. A realidade administrativa não pode considerar os atores envolvidos numa política pública apenas individualmente ou seqüencialmente, mas como um conjunto conectado e interdependente, governando, assim, por meio da interação de diferentes agentes. Dessa forma, instala-se uma dinâmica horizontal-territorial para tratar problemas setoriais, que limitará os tradicionais mecanismos de relação vertical-centralista (Arocena, 1989, p. 54).

Observa-se, portanto, a necessidade de buscar um modelo de gestão pública fundado em processo democrático, cooperativo e educativo, na medida em que a população, conscientizada de seu papel político-deliberativo, possa influenciar em todos os níveis decisórios, desde o planejamento, passando pela execução até a avaliação, sendo solidários no empenho para a realização dos objetivos propostos. Assim, partindo desses supostos iniciais, o propósito da pesquisa foi verificar como ocorria a relação da sociedade com o poder público no processo do desenvolvimento local. Para tanto, e em linhas gerais, o método de trabalho adotado obedeceu aos seguintes parâmetros:

– leitura de referências bibliográficas que discutiam os conceitos de cidadania, desenvolvimento local e métodos para sua instituição;

– leitura de referências bibliográficas que identificavam os aspectos socioeconômicos e histórico-culturais dos territórios estudados;

– leitura de referências bibliográficas de pesquisas realizadas sobre o tema do estudo;

– entrevistas semi-estruturadas com diferentes atores sociais nos municípios estudados;

– análise das entrevistas (323 pessoas foram entrevistadas, fato que significou, aproximadamente, a transcrição de 1.145 páginas) segundo o referencial teórico escolhido: desenvolvimento local com cidadania; e

– descrição dos casos estudados.

Resultados

Nesta parte serão apresentadas as análises do trabalho de campo envolvendo as cinco regiões pesquisadas no Brasil: Agreste Meridional do Estado de Pernambuco; Microrregião de Lavras, sul do Estado de Minas Gerais; Centro-Norte Fluminense, no Estado do Rio de Janeiro; Região Noroeste do Estado do Rio de Janeiro; Região do Médio Alto Uruguai, do Estado do Rio Grande do Sul; Lençóis Maranhenses, no Estado do Maranhão.

No Agreste Meridional a ênfase foi verificar a participação da sociedade em processos voltados para o desenvolvimento local, que implica uma ação em que a sociedade e o poder público local desenvolvam processo dialógico, democrático e participativo. Assim, observações serão voltadas para verificar se, nessas seis cidades, há elementos da democracia deliberativa, entendida neste trabalho como um processo de inclusão da sociedade junto ao poder público na dinâmica de formulação de políticas públicas.

Na Microrregião de Lavras, a análise de desenvolvimento local terá como base o conceito de *redes*, que no campo dos movimentos sociais correspondem a interações entre indivíduos representantes, grupos e informações como ONGs, sindicatos, cooperativas, associações, etc. Na maioria das vezes essas *redes* surgem como forma de mobilizar recursos e aumentar a força política nas negociações de interesses comuns. No campo Estado/políticas públicas, as *redes* surgem da interação entre órgãos do próprio Estado e/ou destes com organizações privadas e/ou movimentos sociais. Essas relações, sendo bem estabelecidas, formam uma *rede* local de discussão aproximando atores de governo e da sociedade, em torno das ações públicas, constituindo, assim, espaços públicos de negociação e participação da cidadania na gestão local.

Na região Centro-Norte Fluminense o processo de desenvolvimento local é analisado a partir do conceito de *Arranjos Produtivos Locais*, que na definição de Helena M. M. Lastres e José Eduardo Cassiolato, "são aglomerações territoriais de agentes econômicos, políticos e sociais – com foco em conjunto específico de atividades econômicas – que apresentam vínculos mesmo que incipientes". Geralmente envolvem a participação e a interação de empresas e suas variadas formas de representação e associação, incluindo também outras instituições privadas e públicas para a formação e capacitação de recursos humanos; pesquisa, desenvolvimento e engenharia; política, promoção e financiamento. Buscam também o incremento da capacidade inovativa endógena, da competitividade e do desenvolvimento local.

Já na Região Noroeste do Estado do Rio de Janeiro o estudo foi pautado pela análise do Conselho Municipal de Desenvolvimento Sustentável (CMDS) da Bacia do Rio Itabapoana. O objetivo da pesquisa foi analisar as condições institucionais locais que favorecem as formas de mobilização social e a participação dos conselheiros e a respectiva contribuição do CMDS para o desenvolvimento dos municípios. O CMDS constitui uma das instâncias do Sistema de Gestão

Integrada da Bacia Hidrográfica do Rio Itabapoana que envolve os Estados do Espírito Santo, Minas Gerais e Rio de Janeiro, sendo, este último, o território analisado.

Na Região do Médio Alto Uruguai do Estado do Rio Grande do Sul o desenvolvimento local foi analisado a partir da experiência deste Estado com os *Conselhos Regionais de Desenvolvimento (Coredes)*. Especificamente estudou-se o Codemau (Conselho Regional de Desenvolvimento do Médio Alto Uruguai). O tema central da análise foi observar se as práticas do Codemau retratavam a promoção da cidadania na medida em que esta participava, ou não, dos processos de desenvolvimento local e regional nos municípios estudados.

No caso dos Lençóis Maranhenses o intuito era estudar como se dava a operacionalização do *Plano de Desenvolvimento Integral do Turismo no Estado do Maranhão ou Plano Maior* naquela região. O *Plano Maior* tem por objetivo orientar a instituição da atividade turística e assegurar as bases para o desenvolvimento sustentável, garantindo a preservação do patrimônio natural e cultural, a satisfação do turista, o retorno para os investidores e ganhos para a comunidade.

Agreste Meridional do Estado de Pernambuco

Na análise das entrevistas, verificou-se, nos seis municípios (Angelim, Brejão, Palmeirina, Paranatama, Saloá e São João), que a falta de participação popular não foi tão questionada (o que vai ao encontro dos depoimentos dos cidadãos entrevistados) e permanece a tendência de encarar a cidadania como algo que apenas deve partir do poder público. É importante esclarecer que esta situação não pode ser atribuída exclusivamente à população, pois o poder público também possui sua responsabilidade, uma vez que nada ou pouco faz para mudar esse cenário, limitando-se a convidar as pessoas a participarem de reuniões e, pelo que alguns cidadãos comentaram, esses convites nem sempre chegam a todos. A isto acresce o fato de haver alguns depoimentos que questionam a falta de envolvimento dos políticos nos espaços públicos. Além disso, deve-se reforçar que a política paternalista levada a cabo pelas prefeituras tem uma grande responsabilidade em toda essa situação.

Assim, mais do que convidar, o poder público deveria preocupar-se em fazer autênticas campanhas de conscientização, no sentido de convencer as pessoas da importância da sua participação para o futuro do município e, conseqüentemente, de cada um. E se isso não ocorre é porque o poder público ou não tem meios financeiros para promover essas campanhas e/ou não tem interesse político em ter cidadãos mais esclarecidos, ou ele próprio não tem consciência daquilo que está por trás de uma comunidade cidadã.

Quanto à sociedade civil em si, esta parece saber organizar-se, o que é demonstrado não só pelos conselhos, mas também pelas associações comunitárias e sindicatos. Não é por isso, entretanto, que a participação popular se efetiva em condições ideais, posto que as pessoas só se mobilizam em torno de causas que lhes dizem diretamente respeito e, muitas vezes, nem sequer o fazem pelo fato de o poder público estar desacreditado.

Neste ponto observou-se que as pessoas participam mais nas reuniões municipais do que nas atividades das organizações da sociedade civil, não só porque as primeiras requerem menos disponibilidade, mas porque também tratam de temas nos quais têm mais interesse direto. Daí a necessidade de demonstrar a importância que existe em se unirem em torno do bem da comunidade de uma forma mais ampla, principalmente em regiões como esta, em que as carências são muitas e os recursos do poder público mostram-se escassos.

Observou-se, portanto, que, de forma geral, o grande problema não parece ser a falta de oportunidade para a participação popular, mas sim a falta de recursos que permitam oferecer à comunidade condições dignas de vida e o exercício de certos direitos sociais, como o direito ao emprego; aliando-se com uma cultura paternalista praticada pelo poder público, que faz com que as pessoas se tornem alheias à realidade, dado que partem do princípio de que tudo é da responsabilidade das prefeituras e que a participação popular só deve ocorrer em situações pontuais, quando há interesse próprio. Se, por um lado, o poder público procura promover a cidadania, com a instituição de programas governamentais e com os vários auxílios que a prefeitura vai prestando, por outro lado esse mesmo poder público, de tão paternalista que se torna, promove a existência de cidadãos dependentes, inertes, meramente reivindicativos a demandas individuais e até algo alheios à realidade que se desenvolve ao seu redor.

Com efeito, se o poder público se preocupa em inverter esta situação, ao tentar melhorar muitas das condições de vida da população, confunde cidadania com paternalismo, haja vista que não estimula os cidadãos a andarem com suas próprias pernas. Daí ser essencial o fortalecimento de organizações da sociedade civil, no sentido de propiciar um maior envolvimento orgânico nas discussões acerca das políticas públicas, possibilitando, com isso, uma prática participativa mais politizada e menos dependente das ações do poder Executivo municipal.

Nesse contexto, é necessário um esforço maior que a simples predisposição para participar; é preciso coragem e determinação para se conseguir provar a força que têm os cidadãos organizados. Assim, é preciso esclarecer melhor as pessoas acerca da realidade e daquilo que é necessário fazer, divulgar melhor os projetos sociais existentes e tornar as reuniões mais acessíveis. Talvez assim se consiga despertar o interesse da grande maioria da população para os problemas existentes no município e de sua importância para o desenvolvimento local.

No tocante aos elementos que indicam o crescimento produtivo, observa-se que os municípios de Palmeirina, Brejão, Paranatama e Saloá não têm muito clara a visão de desenvolvimento local. Não se verificou o investimento em políticas voltadas para a extensão rural – não há programas de capacitação, nem de investimento de infra-estrutura voltados para os produtores rurais. As parcerias ficam restritas aos repasses e aos programas dos governos federal e estadual, não se observando fóruns para a troca de experiências, consórcios entre municípios ou mesmo um maior incentivo na criação de cooperativas. Existem apenas as associações que atuam, somente, para viabilizar a formalização de pedidos de financiamento para outras esferas de governo ou bancos, como o Banco do Nordeste. Percebe-se, assim, um capital social pouco desenvolvido, resultando na incapacidade dos produtores buscarem financiamentos de forma independente e coletiva, sem a intermediação do poder público municipal.

O município de São João destacou-se dos demais por investir na promoção de políticas públicas que visavam a gerar um modelo de desenvolvimento para o município a partir de suas potencialidades. Já demarcou que a sua vocação está na produção de feijão e busca criar condições de infra-estrutura para viabilizar a atividade dos produtores, bem como um importante programa de capacitação dirigido a este segmento. Além disso, investe em mecanismos para criar as condições de comercialização, por meio de um entreposto, evitando, assim, perda de receita em impostos. Um aspecto que propicia essa "vantagem comparativa" com os demais municípios estudados é o fato de existirem no município formas associativas e organizações da sociedade civil com maior consciência de suas potencialidades, atuando de maneira mais politizada do que dependente. Isso ocorre tanto na prática das organizações dos pequenos produtores de feijão, na busca por melhores condições de produção, quanto nas demais organizações da sociedade civil, que participam em diversos conselhos municipais.

No que se refere às questões ligadas tanto à flexibilidade produtiva quanto aos arranjos produtivos locais, constatou-se que na região pouco se tem avançado. Em relação à primeira, o processo de produção na região ainda não conta com a formação de sistemas onde haja agrupamentos ou aglomerados produtivos com transações entre os seus agentes e a presença de instituições de pesquisa e desenvolvimento, mesmo havendo, ainda de forma muito tímida, no município de São João. Esta, porém, é uma ação isolada, sem articulação com outros municípios da região.

Em relação a arranjos produtivos locais, não existe um aglomerado de atividades produtivas afins. Mesmo havendo uma vocação para o cultivo de feijão no município de São João –segundo os entrevistados, o município é o primeiro produtor do Estado –, a localidade ainda não pode ser considerada um pólo produtor, além do fato de que a articulação entre os produtores do município ainda não atingiu níveis de integração suficientes para caracterizar este processo. Dessa forma, torna-se necessário construir arranjos institucionais – que envolvam poder público, produtores e comerciantes e a sociedade civil organizada – no sentido de construir propostas voltadas para o desenvolvimento desta localidade, seja por meio de conselho de desenvolvimento municipal ou regional ou de fóruns para o desenvolvimento local.

Sul do Estado de Minas Gerais

O desenvolvimento local com cidadania é um desafio. Centrar essa discussão no território, onde todos os nós (atores) sejam, ou tenham condições de ser protagonistas, e onde as decisões tenham origem em processos de discussão (inter-relações), torna-se mais difícil ainda. Neste sentido, a região analisada, abrangendo os municípios de Ijací, Ingaí, Itumirim, Itutinga, Luminárias e Ribeirão Vermelho, apresenta boas perspectivas, porém há muito que se trabalhar para construir um tecido que proporcione condições para esse desenvolvimento sustentável e deliberativo.

Considerando os quatro campos de estudos analisados (interpessoal, movimentos sociais, Estado/políticas públicas e produção/circulação) nos quais as redes sociais podem surgir, percebe-se que em apenas um município (D) predominou o campo produção/circulação, em outro (C) movimentos sociais, e nos outros quatro municípios (A, B, E e F) a supremacia foi do campo Estado/políticas públicas. Em nenhum município o campo interpessoal foi destaque.

O que predomina entre as cidades analisadas é um domínio dos governos locais na articulação para o desenvolvimento. Os projetos, na maioria das vezes, são criados e planejados dentro da prefeitura e só depois divulgados e partilhados com a comunidade. Os governos erram no momento em que chamam a população para discutir. Seria importante que a interação se desse o bem antes, se possível na concepção dos programas/projetos, de modo que o envolvimento de todos fosse efetivo, aumentando, desta forma, a possibilidade de sustentabilidade, mesmo que mude o governo e/ou os partidos que estão no poder.

Como aspectos positivos destacam-se, no conjunto dos municípios analisados, a informação livre e a valorização das questões culturais. De forma geral, as prefeituras são receptivas às dúvidas e questionamentos da população e, além disso, há uma boa rede de divulgação das suas ações por meio das igrejas, rádios, jornais e alto-falantes. Quanto às questões culturais, a região se mostrou rica em artesanato e festas típicas, como a festa da fogueira e o carnaval de rua, que proporcionam espaço de alegria e interação para a população.

Já como aspectos negativos predominantes no grupo de municípios analisados tem-se: a estrutura rígida, separando bem as funções da prefeitura e das instituições da sociedade civil; o fluxo de decisões hierárquico, que predomina sobre os trabalhos cooperativos, participativos e democráticos; o poder concentrado na mão dos prefeitos; a disciplina e o comando por parte do poder público local; a delegação de poder, ao invés de delegar responsabilidades; a democracia representativa prevalecendo sobre a deliberativa, visto que a vitória nas urnas parece dar aos eleitos a autonomia de tomar decisões segundo suas percepções; e, finalmente, o desenvolvimento de cima para baixo, uma vez que primeiro, na maioria das vezes, é o governo de cada local que conduz a política de desenvolvimento dos municípios.

Neste contexto, procurando responder ao objetivo da pesquisa, ou seja, verificar se as práticas de desenvolvimento local, nos micromunicípios da microrregião de Lavras (MG), têm contribuído para a formação e/ou fortalecimento de redes sociais, pode-se afirmar: quanto ao fortalecimento, que não há possibilidade, pois as redes sociais estruturadas, como entendemos, não existem ou são muito embrionárias, predominando, nos municípios estudados, a estrutura piramidal. E no caso de formação, destaca-se que há mais aspectos negativos do que positivos para o desenvolvimento destas redes, porém algumas iniciativas apontam para a possibilidade de criação. Assim, conclui-se que as práticas de desenvolvimento local contribuem, ainda de forma muito incipiente e limitada, para a formação de redes sociais nos municípios estudados. Incipiente porque as iniciativas identificadas que apontam para a criação são recentes e em estágio de estruturação; e limitada porque há muitos aspectos negativos que dificultam a construção.

Apesar disso, a região estudada tem muitas características positivas, tais como: potencial turístico, com lagos formados pelas hidrelétricas, cachoeiras e artesanato; presença de muitos projetos elaborados pelos governos e/ou sociedade local, sendo alguns inovadores; possui um pólo educacional, localizado na cidade de Lavras, com uma universidade (Ufla – Universidade Federal de Lavras) e duas faculdades (Fagam e IAEMG); presença de grandes empresas, inclusive nos municípios menores; e excelente localização, visto que é cortada pela rodovia Fernão Dias, e se encontra entre três grandes pólos econômicos do país (Belo Horizonte, Rio de Janeiro e São Paulo).

Constata-se, dessa forma, que a região estudada possui grande possibilidade de promover um desenvolvimento com cidadania utilizando as redes sociais, porém o caminho parece longo. É certo que as premissas sobre desenvolvimento local, cidadania deliberativa e redes sociais apresentadas neste trabalho são bastante ambiciosas. Alguns teóricos diriam utópicas, porém é importante tê-las como meta, uma referência, um ideal, para que possamos nos aproximar o máximo possível. Impossíveis elas não são, pois, no Brasil, temos exemplos demonstrando que o crescimento pode se dar paralelamente ao desenvolvimento social, com a sociedade participando ativamente das discussões e sendo respeitada como um nó importante no processo.

Centro-Norte Fluminense do Estado do Rio de Janeiro

A elaboração deste texto teve por objetivo fundamental, à luz dos conceitos referenciais de desenvolvimento local com cidadania, analisar como a participação e a interação dos poderes públicos locais, instituições públicas e privadas e a sociedade civil podem promover um desenvolvimento sustentável, tendo como referência o Arranjo Produtivo Local (APL) de Nova Friburgo e dos municípios de Bom Jardim, Cantagalo, Cordeiro e Duas Barras.

Como resumo do contexto em que emerge a problemática deste trabalho, salienta-se a tendência de redução do papel de governos nacionais ou regionais como promotores de políticas de desenvolvimento. O que se tem observado em diversos estudos, no entanto, é o papel central, cumprido pelo Estado, na promoção de políticas públicas voltadas ao desenvolvimento. Neste cenário destacam-se as motivações para a revalorização das regiões, que vêm ganhando um papel importante nas tomadas de decisão relacionadas à utilização dos seus meios e de seus recursos, indicando que a organização territorial passou a desempenhar um papel relevante no desenvolvimento social, econômico, político, cultural e ambiental de um país.

Sendo assim, estratégias adotadas com base no desenvolvimento em APLs têm recebido uma grande relevância pelas políticas públicas de desenvolvimento regional e local em países como o Brasil. A relação das empresas com as autoridades e instituições locais ocorre em seu estado de organização social e institucional, importante para a realização da produção social e estabilidade das aglomerações de empresas. Com isso, o espaço geográfico torna-se um *locus* cognitivo, no qual valores compartilhados, confiança e outras formas de ativos intangíveis constituem elementos fundamentais, que podem contribuir para o desenvolvimento de processos de aprendizado interativo.

A adoção de um plano para o desenvolvimento de um APL depende do nível em que ele se encontra no que diz respeito: as suas características estruturais; ao nível de cooperação entre firmas; a qualidade das lideranças locais e a interação das instituições públicas, instituições privadas e sociedade civil. Sendo assim, é necessário que este tipo de arranjo institucional ocorra dentro de um processo de participação e de consenso entre as lideranças e instituições locais, tratando de suas heterogeneidades como sujeitos do processo. Nesta direção, a formulação e instituição de políticas para a interação não devem ocorrer somente por meio da cooperação com os beneficiários potenciais, mas sim, mediante parcerias entre estes, objetivando que o aprendizado ocorra em ambos os sentidos, entre os instituidores das políticas e as empresas. A questão do desenvolvimento regional nesta concepção de APL tem como proposta uma construção "de baixo para cima", isto é, as potencialidades locais é que irão construir e conduzir o planejamento para a execução do modelo.

A promoção de Arranjo Produtivo Local pode contribuir para o estabelecimento de um arcabouço mais consistente em desenvolvimento sustentável local e regional. Neste sentido, o estudo empírico sobre o arranjo de moda íntima de Nova Friburgo oferece importantes lições para a formulação de políticas voltadas ao desenvolvimento regional do país.

Observou-se que uma das principais vantagens competitivas do Pólo de Moda Íntima (PMI) de Nova Friburgo é o conjunto de instituições que articulam e apóiam a promoção do APL. Essas instituições têm papel fundamental na captação de recursos e na coordenação para o desenvolvimento da região. O arranjo surgiu a partir de muitas empresas de forma desorganizada, em que seus donos, com baixa escolaridade, foram empreendedores forçados, devido à situação em que se encontravam. Dessa forma, as instituições que estão à frente desse processo por meio do Conselho de Desenvolvimento da Moda, são aglutinadores, possibilitando que o APL tenha um padrão de qualidade, uma uniformidade de produção e uma marca da região, que se diferencie do resto do país, tendo a Firjan e o Sebrae como os principais articuladores do pólo.

O PMI, contudo, ainda apresenta muitas características que impedem um desenvolvimento mais consistente, pois, dada sua abrangência, a região ressente-se de uma cultura de cooperação entre os empresários e as instituições, apesar de algumas melhoras terem ocorrido nesse sentido. A competição, predominantemente, é baseada em preço e de forma predatória, não existindo, também, interação entre os poderes públicos locais e a sociedade no seu todo.

Outro fator que pode comprometer o APL estudado é a escassa mão-de-obra qualificada. A quantidade de empresas estruturadas com funcionários capacitados, fabricando produtos de alta qualidade, é pequena, quando comparada com o universo do APL e a resistência por parte dos donos das confecções ainda é acentuada, na medida em que os empresários também apresentam um baixo nível de escolaridade. Tais dados vêm comprometendo a produtividade das empresas e, conseqüentemente, podem inviabilizar o desenvolvimento do PMI.

Há, contudo, uma aposta de que este quadro possa ser revertido, pois o PMI vive a segunda geração de empresários e, devido ao fato de a maioria das confecções serem familiares, estes são geralmente filhos dos fundadores. Essa segunda geração possui um nível de escolaridade maior, muitos fizeram cursos superiores, mostrando-se menos desconfiados e mais flexíveis para mudanças de suas empresas, apesar de, ainda, ser um número restrito no setor.

Outra característica do PMI que precisa ser observada é a existência de segmentos bem heterogêneos. Em sua maioria as empresas são informais, com produtos de qualidade inferior e baixa capacitação, tanto dos empresários quanto dos empregados. Paralelamente há segmentos já estruturados, tendo empresas com produtos diferenciados de alta qualidade e uma infra-estrutura tecnológica de alto padrão, com gestores capacitados. Os programas direcionados para o desenvolvimento do PMI, contudo, não abrangem essas discrepâncias. Ao invés de ter uma atuação mais de base, para tentar reduzir essas diferenças, alguns projetos acabam operando nos segmentos mais favorecidos, beneficiando pequenos grupos de empresários.

O poder público de Nova Friburgo é visto pelas instituições que coordenam o arranjo como tendo uma atuação passiva na promoção do PMI. Pode-se constatar, entretanto, uma mudança nesse sentido por parte da prefeitura, cuja atuação vem se mostrando mais expressiva. Tal atuação, contudo, ocorre em algumas secretarias, sem integração com outras instituições que estão no comando do PMI.

Além disso, observa-se a possibilidade de conflitos entre o poder público local e as instituições que coordenam o projeto do APL. Neste sentido, verificou-se críticas e divergências de opinião sobre a condução dos projetos para o desenvolvimento do PMI, chegando a apontar que o Sebrae (Serviço Brasileiro de Apoio às Micro e Pequenas Empresas) e a Firjan (Federação de Indústrias do Estado do Rio de Janeiro) estariam centralizando os poderes e execução dos projetos em favor de seus interesses, mesmo com a criação do CDM, que tem como tarefa uma maior integração e articulação entre as instituições envolvidas, sejam elas privadas ou públicas.

Um fator de importância, que dificulta a efetivação do APL é a não participação dos trabalhadores ou representantes da sociedade civil tanto na elaboração quanto na execução ou ainda na articulação do PMI. Em nenhum momento da pesquisa de campo foi percebido qualquer mecanismo que promova a participação destes segmentos – trabalhadores e representantes da sociedade organizada. As entidades envolvidas no processo de instituição do APL não estão sensibilizadas para este tipo de ação, somente apenas preocupadas com o lado econômico do processo.

Como já foi referido, a participação de diversos atores na formulação das diretrizes do APL torna-se primordial para o seu fortalecimento, que pressupõe um bom desenvolvimento do capital social. Aqui entra em cena o tema da comunidade cívica. Nela a cidadania manifesta-se pela participação nos negócios públicos. Representa a idéia de direitos e deveres iguais em uma comunidade baseada em laços horizontais de reciprocidade e não por relações verticais de dependência; cidadãos são respeitosos e mutuamente confiantes e os conflitos não desaparecem, dada a firmeza das opiniões. Em seu âmbito interno, as associações presentes nesse contexto incutem em seus membros hábitos de cooperação, solidariedade e espírito público e forma-se uma rede de associações secundárias que incentivam e promovem a colaboração social (Putnam, 2000).

Em relação aos outros municípios integrantes do APL, apesar de fazerem parte do Conselho de Desenvolvimento da Moda (CDM), percebe-se a pouca integração e influência do poder público no PMI. De qualquer forma, a promoção do APL é definida como um dos mais importantes projetos para o desenvolvimento socioeconômico da região, na medida em que possa ocorrer uma maior integração dos municípios participantes do APL junto com Nova Friburgo. Com isso, o crescimento do APL torna-se uma possibilidade de a região alcançar um desenvolvimento sustentável, posto que os municípios são altamente dependentes dos recursos estaduais e federais.

Com a criação do CDM destacam os demais municípios e não só Nova Friburgo como uma potência para o desenvolvimento do setor de moda íntima, pois antes as ações ocorriam de forma isolada, não existindo uma inter-relação. Desse modo, ocorreu uma aproximação das empresas dos próprios municípios com os demais empresários dos outros municípios integrantes do APL, com a ajuda das instituições coordenadoras do pólo. Apesar da boa relação dos municípios, verifica-se ainda um problema de maior integração devido à distância e pela representatividade ser pequena perante Nova Friburgo.

Desta forma é feita uma crítica no sentido de que as instituições gestoras do PMI precisam conhecer melhor a realidade local, na qual as empresas estão instaladas. Sendo assim, para reverter essa situação, é importante que haja integração dessas instituições com os poderes públicos locais, para que na forma de parcerias consigam elaborar projetos de educação de qualidade e capacitação, no que diz respeito aos recursos humanos na região. É necessário trabalhar com questões básicas de infra-estrutura social, ao invés de dar preferência a ações que atinjam uma pequena parcela da população, como uma faixa restrita de empresários que se destacam em suas localidades.

Esse modelo de desenvolvimento, portanto, não deve se basear simplesmente na mensuração de variáveis econômicas, mas sim nas potencialidades de uma região geográfica delimitada, levando-se em consideração, principalmente, os recursos naturais existentes, a vocação trabalhista e produtiva da comunidade e fatores socioculturais como: laços familiares, confiança entre os agentes produtores, grau de relacionamento entre as empresas, cooperação interfirmas, costumes, tradições, laços culturais, etc. Nessa perspectiva, o APL deve ser encarado como um processo de articulação, coordenação e inserção dos empreendimentos empresariais associativos e individuais, comunitários, a uma nova dinâmica de integração socioeconômica, de reconstrução do tecido social, de geração e renda (Bandeira, 1999).

Bacia do Itabapoana no Estado do Rio de Janeiro

Apesar de a Bacia do Itabapoana abranger os Estados de Minas Gerais, Espírito Santo e Rio de Janeiro, somente foram estudados os municípios situados no território deste último: Bom Jesus do Itabapoana, Campos dos Goytacazes, Porciúncula, São Francisco do Itabapoana e Varre-Sai.

Um grande desafio é a sensibilização dos habitantes da Bacia no que diz respeito à preservação dos recursos ambientais. Os conselheiros disseram que esse é um trabalho muito difícil e que requer tempo, pois os resultados somente podem ser vistos em longo prazo. Na perspectiva de ocorrer uma mudança social, é importante examinar as formas de atuação, a relevância dos valores, o nível de comprometimento e o comportamento dos representantes para o alcance dos objetivos.

Não seria desarrazoado concluir que essa forma instrumental de gestão representa uma influência positiva no que se refere ao desenvolvimento municipal (Sen, 2000). Assim, torna-se imprescindível a verificação de mecanismos e de instrumentos avaliatórios apropriados para fazê-lo funcionar de forma mais efetiva, levando em consideração a experiência anterior de cada CMD. Conforme constatado, a administração de recursos hídricos da Bacia do Rio Itabapoana revela-se um dos grandes desafios para este século. Vale ressaltar que o modelo de gestão do Projeto Managé, que envolve todos os municípios da Bacia do Itabapoana, visa a sua instituição no período de 20 anos e, devido a isso, pode-se considerar que se trata de um período relativamente curto para que tais propostas tragam resultados expressivos.

A seguir descreveremos uma síntese da análise do CMD nos cinco municípios pesquisados. a) *Aspectos positivos*: reconhecimento da importância do Projeto Managé; maior discussão a respeito das questões ambientais e sobre o gerenciamento de recursos hídricos; busca da construção de identidade territorial no contexto da Bacia; caráter consultivo; apresentação de planos de trabalho; criação de um espaço para debates unindo a sociedade civil e o poder público; experiência da sociedade civil em movimentos sociais e conselhos; integração e articulação dos conselheiros com outros municípios e Estados; exercício da cidadania; satisfação dos conselheiros em contribuir para o desenvolvimento do município e representação no Fórum da Bacia.

b) *Aspectos negativos*: necessidade de maior conhecimento sobre o Projeto Managé; existência de vários conselhos; baixa participação e escasso comprometimento do poder público; dificuldade de mobilização do poder público; dependência do poder público local e falta de autonomia; pouco apoio do governo estadual e federal; falta de credibilidade; expectativa de resultados imediatos; limitada capacitação; funcionamento comprometido devido às eleições municipais; dependência de parceiros; paralisação das atividades.

Lençóis Maranhenses

Percebe-se que a região dos Lençóis Maranhenses, que abrange os municípios de Barreirinhas, Primeira Cruz, Santo Amaro, Humberto de Campos, Paulino Neves e Tutóia, está longe de aplicar os princípios que norteiam dimensões de sustentabilidade analisadas nesta pesquisa. Desse modo, estabelecer políticas públicas em busca do desenvolvimento sustentável por meio do turismo, não é uma tarefa muito fácil. A premência por resultados e o foco no desenvolvimento econômico afetam as demais preocupações que norteiam princípios de sustentabilidade, inibindo o desenvolvimento de ações estratégicas que possam ser aplicadas e se revertam em benefício para todos aqueles envolvidos na atividade. O estreitamento das relações entre a sociedade civil e o governo, em todas as suas esferas, poderá, portanto, revelar-se a condição necessária para criar o ambiente favorável para a geração de políticas públicas voltadas para o desenvolvimento sustentável.

É utópico tentar modificar a imensa máquina do turismo. Também é utópico tentar limitá-lo ou simplesmente suprimi-lo de uma região sob a alegação dos efeitos negativos que produz. Como essa atividade é importante para um grande número de pessoas, seria interessante buscar novas formas de turismo que proporcionem maior satisfação a todos os interessados (população, empresários, autoridades, etc), sem as inconveniências no campo econômico, social, espacial, cultural e ambiental. Entre outros aspectos, essas novas formas de turismo deveriam contemplar os seguintes pontos:

- Desenvolver políticas de turismo que coloquem o ser humano e o meio ambiente como objetivos principais;
- Otimizar a satisfação do turista levando em conta os interesses da população;
- Descentralizar o foco do turismo da sustentabilidade econômica, equilibrando os princípios da sustentabilidade social, cultural e ambiental.

Verificamos que o turismo é muito mais que uma questão econômica e que as relações entre os atores (turistas, empresários, autoridades, representantes da sociedade civil e habitantes locais) não se dão sempre da forma esperada. A priorização do ganho de curto prazo e a desproporção entre os detentores do capital e a comunidade é tamanha que os custos e os benefícios do turismo não são divididos de forma igual. A conta é paga pela sociedade local e pelo meio ambiente.

O ente intermediário que deveria regular todos esses interesses aparentemente contraditórios – o governo – está dividido em duas grandes frentes. Uma delas, preocupada com o desenvolvimento econômico, esmera-se em divulgar as potencialidades e atrativos da região, na expectativa de atrair investidores para instalar equipamentos turísticos e visitantes para gastar seus recursos na região. A outra frente tem a missão de proteger o meio ambiente e os recursos naturais e, portanto, apóia-se na legislação para inibir investimentos agressivos aos recursos ambientais. As duas frentes se confrontam permanentemente e desse confronto não resulta nenhuma ação favorável à sustentabilidade do turismo. No meio delas encontram-se os maiores prejudicados: os nativos das comunidades hospedeiras.

O turismo é um segmento da economia capaz de estimular a economia e melhorar o padrão de vida da população como qualquer outra atividade. Levando em conta a vocação natural dos Lençóis Maranhenses para o turismo, deve-se ter em mente que o estímulo a novos investimentos impõe certa sintonia com os retornos que podem ser proporcionados à população, seja em mais empregos, seja em qualidade de vida. Assim sendo, o oferecimento de novas instalações turísticas deve estar casado com a possibilidade de que os novos empregos gerados sejam assumidos pela população local. O poder público deve assumir o papel de indutor do processo de capacitação da mão-de-obra. Para tanto, pode aproveitar-se das iniciativas isoladas do Sebrae e do Banco do Brasil, que estão investindo em cursos de línguas estrangeiras para os guias turísticos. A oferta de cursos para formação de garçons, camareiras, cozinheiros, guias, atendentes e uma gama de outras atividades pode elevar as possibilidades de aproveitamento da mão-de-obra local e evitar a importação de profissionais capacitados, como ocorre atualmente. O planejamento urbanístico é prioridade sob quaisquer aspectos. A política do *laissez-faire* adotada até então redundou em especulação generalizada e afastou o nativo da sua área de origem. Nesse sentido, urge que seja feita uma revisão dessa política de forma a limitar as áreas onde é possível construir e priorizar os insumos locais onde forem autorizadas as construções.

Há muito a fazer para alcançar o desenvolvimento sustentável nos Lençóis Maranhenses. Questões cruciais, como o combate à pobreza e à desigualdade social, não podem deixar de estar no foco das atenções do Estado, ao qual cabe o papel de agente indutor das mudanças. Espera-se, ainda, que o Estado proporcione as condições de cidadania deliberativa, fazendo com que a sociedade civil possa contribuir para os objetivos do desenvolvimento local.

Vimos que turismo e desenvolvimento sustentável traduzem-se em uma relação complexa. Apesar de não ser a única solução para o desenvolvimento de uma região, o turismo possui enorme potencial para isso. A sua promoção dentro dos critérios de sustentabilidade está relacionada com a vontade política, ou seja, o envolvimento do poder público com a indução das ações que respeitem a sociedade, o meio ambiente, o espaço, os investidores e os turistas. Uma vez empreendidas estratégias nesse sentido, os Lençóis Maranhenses estariam aptos a experimentar a revolução do desenvolvimento que garantiria a qualidade de vida não só para a geração atual, mas para as gerações futuras.

Médio Alto Uruguai no Estado do Rio Grande do Sul

Uma análise da participação da sociedade civil nos municípios estudados (Iraí, Frederico Westphalen, Planalto, Alpestre, Ametista do Sul e Cristal do Sul), se estudada sob a ótica das principais abordagens teóricas, demonstra que essa ainda não pode ser considerada legítima nos municípios pesquisados, pois não contempla todos os atributos considerados por Dagnino (2002) e Tenório e Rozenberg (1997) necessários para tal: voluntariedade da ação participativa, consciência da importância do ato, conquista desse espaço e percepção da importância da ação comunicativa no processo deliberativo. Além disso, o cidadão e a sociedade como um todo, quando tratados apenas como objetos e não como sujeitos do processo, tendem a não se identificar com as políticas públicas, reduzindo a própria sustentação política das ações e aumentando o risco de que se tornem efêmeras.

Atualmente, tanto as representações sociais como o corpo técnico envolvido na construção dos conselhos estão mal preparados e desestimulados para enfrentar os desafios do processo de desenvolvimento. Observa-se que os conselhos foram formados estritamente como contrapartida à exigência legal para a obtenção de recursos públicos por parte dos municípios e não expressam uma dinâmica local significativa, assim como não conseguem atrair a comunidade para as reuniões e nem fazer cumprir suas deliberações por falta de autonomia. Dessa forma, não se pode considerar que houve desenvolvimento nos municípios a partir da criação dos conselhos.

Os impactos das práticas participativas na gestão das políticas públicas nos municípios, contudo, apesar de incipientes e das controvérsias existentes, apontam para uma nova qualidade de cidadania, a qual institui o cidadão como criador de direitos e cumpridor de deveres, rompendo a dinâmica predominante e ultrapassando as ações de caráter puramente assistencialista. Mesmo que a tendência atual seja reproduzir um ambiente avesso à ampla discussão dos assuntos públicos e a comprovação empírica revele a precariedade da forma de participação social e a freqüente submissão ao poder local dominante, é certo que a simples existência dos espaços públicos abre caminho para a prática participativa, até há pouco tempo inexistente.

Neste contexto, o grande desafio é contemplar os interesses difusos no processo. A efetividade dos espaços de interlocução depende basicamente do papel indutor de alguns agentes políticos e sociais.

A interlocução só poderá ser posta em prática a partir de um processo de aprendizagem, o que implica a reorganização das relações entre o setor privado, o governo e a sociedade civil e a difusão e consolidação de uma mudança na matriz cultural.

Sabe-se, contudo, que esse processo é lento e gradual e que ainda há um longo caminho a ser trilhado para que esses municípios tenham, de fato, uma cidadania deliberativa nos processos decisórios e que isso venha a influenciar, favoravelmente, no seu desenvolvimento.

Com a existência de várias instâncias político-administrativas sobrepostas e atuantes em âmbito regional, como Amzop, Corede, Coordenadorias Regionais, Associações de Vereadores, Associações Comerciais e Industriais, entre outras, e pela segmentação das atividades e dos planos desenvolvidos em cada uma delas, o resultado é a falta de uma identidade regional única nessa escala territorial. Isso se constitui um grande obstáculo para o desenvolvimento, haja vista que os esforços são dispersos e desconexos. Ainda não há plena consciência de que os problemas econômicos e sociais que afetam a região estudada exigem soluções articuladas e regionalizadas. Em conseqüência, tais problemas tendem a ser percebidos e enfrentados como se fossem questões locais ou setoriais, deixando de ser identificadas e aproveitadas muitas oportunidades de cooperação entre esses agentes na defesa de interesses comuns à região.

Apesar da grande evolução dos mecanismos de participação ao longo dos anos, ainda não se pode afirmar que estes fazem diferença no processo de desenvolvimento, pois são mal aproveitados pela sociedade civil e pelo cidadão. Além disso, estes mecanismos são manipulados pelo poder público, que, em última instância, decide sobre as políticas públicas locais e regionais.

Comumente defende-se a idéia que o desenvolvimento de um município ou região tem origem na interação de algumas variáveis como: inter-relação dos agentes e das instituições, aspectos culturais, procedimentos adotados, recursos (materiais e humanos), assim como do contexto em que estes estão inseridos. Nesta pesquisa conseguiu-se confirmar mais uma vez essa assertiva. O que, no entanto, vem impulsionando o desenvolvimento local e regional são, sobretudo, as condições e elementos naturais favoráveis: no caso de Ametista do Sul as pedras preciosas; no caso de Iraí o balneário e a água mineral; ou por domínio do mercado e investimento de indústrias e grandes empreendedores, como é o caso de Frederico Westphalen ou a perspectiva da construção da Usina Hidrelétrica em Alpestre.

Comprovou-se empiricamente que as articulações municipais e intermunicipais ainda são incipientes, que não há uma politização da participação, tampouco um projeto de desenvolvimento comum e unificado. Sem a pretensão de esgotar a análise das causas de a região apresentar indicadores de desenvolvimento socioeconômico relativamente baixos em comparação com as demais regiões gaúchas, acredita-se que as questões citadas são cruciais e contribuem para esse atraso.

É perceptível, porém, o início de um processo emergente de desenvolvimento devido à presença do Codemau (Conselho de Desenvolvimento do Médio Alto Uruguai), muito embora alguns municípios e gestores não percebam esse progresso. Somente o Codemau, no entanto, não será capaz de impulsionar o desenvolvimento regional. Constata-se a necessidade de formulação de projetos políticos para uma articulação consistente com o propósito de se estabelecerem processo reais de desenvolvimento para a região e para os municípios. Os territórios e a sua sociedade precisam exercer um novo papel para se tornarem competitivos, competentes e cooperadores.

Apesar de não se poder afirmar, de modo taxativo, que as abordagens conceituais analisadas nesta pesquisa são responsáveis, de fato, pelo desenvolvimento ou não da região e/ou localidades, ao menos foi possível indicar características que deveriam estar e as que não precisam estar presentes em qualquer configuração territorial para iniciar um processo consistente de desenvolvimento.

Por fim, constatou-se que a capacidade de organização coletiva dos cidadãos pode explorar brechas para a inclusão social que de fato contribuam para desenvolvimento local e regional. Nesse sentido, torna-se fundamental a efetivação dos espaços de discussão e de articulação entre a sociedade civil, o poder público e o cidadão. Da mesma forma, faz-se imperativa a mudança da matriz cultural mediante um processo educacional gradual, o qual possibilite a renovação da institucionalidade democrática e que possa gerar, de fato, o desenvolvimento a partir dessa relação e interação.

Conclusões

O conceito de desenvolvimento local adotado é aquele que implica a articulação, em um espaço público, dos diferentes atores/agentes que compõem um determinado território: o poder público, a sociedade civil e o mercado. Por sua vez, o que define a articulação dentro do espaço público é o exercício de uma cidadania que delibera as decisões a serem tomadas naquele espaço geográfico. Assim, por desenvolvimento local com cidadania, entende-se um movimento em direção à *res publica* no qual todos os concernidos – cidadãos – têm o direito e o dever de contribuir para o bem-estar de sua comunidade. Democracia, solidariedade e justiça social são os princípios regedores de uma articulação que deseja promover o desenvolvimento local.

O estudo foi realizado em três etapas: a primeira caracterizou-se pela busca e análise de documentos que formalizavam as intenções de desenvolvimento local no Brasil, Estados e municípios objetos da pesquisa; a segunda etapa foi dedicada à identificação de referências bibliográficas que apoiassem, teórica e metodologicamente, os temas em exame; a terceira, a pesquisa de campo, significou a operacionalização das viagens, reuniões com autoridades locais, entrevistas, registro das entrevistas e, posteriormente, sua análise. Na realidade, o processo da pesquisa foi consolidado por meio de uma quarta etapa que significou a consolidação das análises aqui resumidas.

Embora o estudo não tivesse o intento de ser comparativo, as análises descritas na Parte II do livro (cf. nota 1) propõem algumas inferências ou dificuldades existentes para que se criem e consolidem canais que possibilitem aumentar a influência da sociedade sobre as tomadas de decisão no setor público. A tradição político-administrativa brasileira ainda é fortemente caracterizada pela centralização do poder decisório e pelo formalismo burocrático. Por esses e por outros motivos, a incorporação mais efetiva de práticas participativas às atividades do setor público exigirá profundas mudanças na cultura organizacional predominante na administração pública do país, bem como uma maior articulação política dos atores sociais – sociedade civil e agentes econômicos – na ampliação do seu poder diante do poder público.

No caso do Agreste Meridional de Pernambuco, observou-se que o poder público se preocupa em manter a situação apontada anteriormente. Com o pretexto de melhorar as condições de vida da população, cidadania é confundida com paternalismo, uma vez que não estimula os cidadãos a andarem com suas próprias pernas. Daí ser essencial o fortalecimento de organizações da sociedade, no seu conjunto, no sentido de propiciar um maior envolvimento orgânico nas discussões acerca das políticas públicas, possibilitando, com isso, uma prática participativa mais politizada e menos dependente das ações do poder Executivo municipal.

Outra constatação observada é a quase inexistência de capital social ou de uma cidadania cívica que, por meio de procedimentos participativos historicamente definidos, estivesse envolvida nos destinos de seus territórios. Na maioria dos municípios analisados foram poucos os entrevistados que se mostraram convencidos de que devem se envolver, de forma direta e continuada, na formulação, instituição e controle de ações que são consideradas tipicamente governamentais. Predomina, na maior parte dos casos, a idéia de que, em geral, o envolvimento dos indivíduos na vida pública ainda deve limitar-se à participação periódica no processo eleitoral, ou seja, a democracia representativa ainda é o limite do exercício da cidadania.

No caso da Microrregião de Lavras, sul do Estado de Minas Gerais, foi possível perceber que o que prevalece nos municípios analisados é o domínio dos governos locais na articulação para o desenvolvimento. Os projetos, na maioria das vezes, são criados e planejados dentro da prefeitura e só depois divulgados e partilhados com a comunidade. Os governos erram quando chamam a população apenas para dar conhecimento de seus planos. Seria importante que a interação se desse desde a concepção dos programas/projetos, de modo que o envolvimento de todos fosse efetivo, aumentando, dessa forma, a possibilidade de sustentabilidade, mesmo que mude o governo e/ou partido(s) que estão no poder.

Nesse contexto, ainda que em escala regional, não é simples a tarefa de incorporar a participação da cidadania no cotidiano das ações de governo em processos que ajudem a viabilizar a formulação de políticas regionais mais próximas dos interesses das sociedades locais e articuladas entre os diversos níveis do poder público – estadual e federal. Essa tarefa torna-se ainda mais difícil quando tal incorporação requer um esforço prévio de organização e de criação de novas instituições, espaços públicos ou arranjos institucionais que favoreçam a participação concertada dos atores em escala regional.

Os casos da Região Noroeste do Estado do Rio de Janeiro e da Região do Médio Alto Uruguai do Estado do Rio Grande do Sul revelam que, em geral, não existem instâncias consolidadas de organização da comunidade que proporcionem uma base institucional sólida para processos de participação nessa escala territorial. Observou-se nestas duas regiões que as articulações municipais e intermunicipais ainda são incipientes, não havendo uma politização da participação, tampouco um projeto de desenvolvimento comum e unificado para cada região, apesar da existência formalizada de arranjos institucionais.

Práticas institucionais voltadas para o desenvolvimento local que possam superar a primazia do econômico sobre as demais esferas da vida social ainda parecem estar somente nos discursos acadêmicos. O caso dos Lençóis Maranhenses, no Estado do Maranhão, demonstrou que a premência por resultados e o foco no crescimento econômico afetam as demais preocupações que norteiam princípios de sustentabilidade, inibindo o desenvolvimento de ações que possam ser aplicadas em benefício da comunidade local. Por sua vez, o caso do Centro-Norte Fluminense, no Estado do Rio de janeiro, também apresenta este problema, na medida em que as instituições gestoras do pólo têxtil não conhecem suficientemente a realidade local, seja para explorar melhor a potencialidade do território ou gerar um clima propicio para buscar uma adesão mais ampla dos segmentos da sociedade local.

Assim, o estudo dos seis casos brasileiros apresentados neste texto comprova que a participação da sociedade na sua relação com o poder público em prol do desenvolvimento local ainda não pode ser considerada legítima nos casos estudados. Observou-se que as práticas não contemplam no todo, ou em parte, os atributos considerados pelos autores que serviram de referência ao estudo, entre os quais podemos destacar: voluntariedade da ação participativa, consciência da importância do ato, conquista desse espaço e percepção da importância da ação comunicativa no processo deliberativo, enfim, da solidariedade.

Apesar disso, os seis casos estudados também apontam na direção de que vem crescendo no Brasil a tendência de pensar a função da administração pública de forma diferente da comumente praticada. Seria a existência de uma percepção, já em curso nos âmbitos locais, de que o cidadão não só pelo voto, mas de forma direta, pode participar dos propósitos do seu território (parece que os conselhos municipais instituídos a partir da Constituição de 1988 têm contribuído para este fenômeno). Em que pese isso, um número reduzido de entrevistados explicitou a visão de que a formulação e o controle das políticas públicas só devem ser exercidos pelos técnicos do governo municipal, na medida em que "eles são pagos para isso" ou que "pago meus impostos em dia". Talvez tal tipo de percepção seja fomentada por aqueles que não têm interesse na prática de uma cidadania cívica ou de inibir a participação da sociedade com as questões relacionados ao poder público.

Desse modo, mesmo que as práticas estudadas não tenham revelado mudanças substanciais na relação Estado-sociedade, foram observados avanços institucionais e discursivos nesta questão. Neste caso o livro (ver nota 1) teve como objetivo demarcar, tanto no âmbito normativo (conceitos e arranjos institucionais que promovem participação ativa da cidadania foram escritos), quanto na percepção dos entrevistados (detectada no comportamento discursivo dos representantes dos diversos segmentos que participaram das entrevistas, quando inclusive representantes do poder público se dizem sensíveis às práticas da participação da sociedade nas políticas governamentais).

Para que a gestão participativa possa ser concretizada em sua plenitude, entretanto, é necessário que a mudança na relação Estado-sociedade tenha como pressuposto a construção de um processo político onde:

1) Os movimentos sociais, principais atores do processo de democratização do país, resguardem sua autonomia política e assumam cada vez mais um papel propositivo na elaboração das políticas públicas, assim como no acompanhamento e na fiscalização da sua execução.

2) As organizações do terceiro setor que são comprometidas com a radicalização da democracia no país invistam esforços na criação de laços de solidariedade e de espaços de diálogo entre os diferentes atores da sociedade, organizando processos de sistematização, intercâmbio, análises e formulação de políticas públicas alternativas.

3) O poder Executivo se empenhe no processo de democratização administrativa e política da sua gestão, abrindo espaço à participação da cidadania nas decisões de governo a fim de promover o ideal republicano.

4) O poder Legislativo assuma o papel político de negociador dos interesses da sociedade por meio da construção de projetos plurais de políticas públicas, constituindo-se, efetivamente, em espaço aberto, transparente e permeável às aspirações da população.

Acerca da efetividade das práticas de desenvolvimento local, esta pesquisa ratificou a hipótese de que ações de caráter municipal, ou seja, só no município, têm uma maior propensão a serem concretizadas. Os casos do Agreste Meridional, da Microrregião de Lavras e do Centro-Norte Fluminense indicaram as dificuldades de se estabelecerem ações que ultrapassem os limites municipais, por meio de ações intermunicipais. Tais dificuldades podem estar relacionadas ao fato de que os programas federais e/ou estaduais ainda não estimulam iniciativas com tais características, bem como à incapacidade dos representantes do poder público não possuírem uma cultura gerencial capaz de atuarem em parcerias, devido, em muitos casos, no comportamento clientelista e fisiológico ainda predominante nos três níveis de governo – federal, estadual e municipal.

Nos casos da região Noroeste do Estado do Rio de Janeiro, da região do Médio Alto Uruguai e dos Lençóis Maranhenses, que são iniciativas que pressupõem maior articulação entre os municípios, verificou-se a dificuldade de estabelecer mecanismos institucionais que sustentem tais arranjos. Nestes casos, principalmente no segundo e no terceiro, foi possível observar que as iniciativas que obtiveram mais êxito foram aquelas que contaram com a presença mais forte dos agentes econômicos. Dito de outra forma, percebe-se que ainda predomina uma noção pragmática, em que o principal elemento motivacional para envolvimento nas questões públicas ainda é o fator de mercado.

Nesse viés, a partir da sistematização dos dados empíricos da pesquisa, algumas questões podem ser extraídas. Dentre elas destacamos a necessidade de se recolocar a questão do desenvolvimento como parâmetro de ampliação do potencial do local com o auxílio de métodos, ou arranjos institucionais, que enfrentem realidades por meio de processos decisórios interativos que privilegiem a ação concertada entre os agentes públicos, os agentes da sociedade civil com aqueles do mercado. Também destacamos o fato de que o desenvolvimento local, no contexto brasileiro, não poderá ficar circunscrito às realidades territoriais. Sem um diálogo mais amplo e sistêmico com outros poderes e segmentos da sociedade brasileira, as estratégias de desenvolvimento local podem tornar-se movimentos atomizados sem força política e sustentabilidade nas suas pretensões desenvolvimentistas.

A favor dessa nova ênfase no desenvolvimento tem-se o fato de que os desafios locais impulsionam a sociedade para, em conjunto com a diversidade de atores institucionais que a integram, traçar metodologias que fortaleçam sua capacidade na solução dos problemas. Para tanto, contraditoriamente à posição neoliberal, é imprescindível o fortalecimento das capacidades do Estado – nas esferas federal, estadual e municipal – e dos atores sociais coletivos, no âmbito local e/ou regional, de modo a que se promovam articulações visando à instituição e à gestão de políticas públicas de orientação deliberativa.

Não poderíamos arrematar este estudo sem considerar o aprendizado que ele promoveu. O processo de aprendizado ocorreu desde o momento da escolha do tema de análise e se estendeu ao próprio processo de realização do projeto da pesquisa. Toda a ação se deu por meio de processos, ou de racionalidades, que pontificavam aproximações dialógicas. Ou seja, o exercício do diálogo ocorreu desde o momento que o tema foi apresentado e discutido, originalmente no Programa de Estudos em Gestão Social no qual estavam envolvidos mestrandos e doutorandos da Ebape/FGV, passando pela decisão do coletivo do Comitê Técnico do Programa Gestão Pública e Cidadania da EAESP/FGV. Esta experiência teve seqüência nas aulas que discutiam as referências teóricas e metodológicas da pesquisa assim como daquelas voltadas à análise e consolidação de seus resultados. Nesse sentido, o objetivo de exercer uma prática de ensino-pesquisa que se aproxima do referencial teórico empregado e que preconiza a permanente deliberação entre os seus participantes, parece ter sido alcançado.

Referências

AROCENA, José. Discutiendo la dimensión local. Las coordenadas del debate. In: Descentralización y Desarrollo Local. *Cuadernos del CLAEH, Revista Uruguayana de Ciencias Sociales*, n. 48, 2ª série, ano 13, p. 7-16, 1988/1-2.

_____. Descentralización e iniciativa, una discusión necesaria. *Cuadernos Del CLAEH, Revista Uruguayana de Ciencias Sociales*, n. 51, 2ª série, ano 14, p. 43-56, 1989/3.

BANDEIRA, Pedro. Participação, articulação de atores sociais e desenvolvimento regional. In: *Texto para discussão nº 630*. Brasília: Ipea, 1999.

DAGNINO, Evelina. Sociedade civil e espaços públicos e a construção democrática no Brasil. In: DAGNINO, Evelina. *Sociedade civil e espaços públicos no Brasil*. São Paulo: Paz e Terra, 2002.

DOWBOR, Ladislau. A intervenção dos governos locais no processo de desenvolvimento. In: BAVA, Silvio Caccia (Org.). *Desenvolvimento local*. São Paulo: Pólis, n. 25, 1996. p. 29-44.

FISCHER, Tânia. Gestão contemporânea, cidades estratégicas: aprendendo com fragmentos e reconfigurações do local. In: FISCHER, Tânia (Org.). *Gestão estratégica:* cidades estratégicas e organizações locais. Rio de Janeiro: Getúlio Vargas, 1996.

MARSIGLIA, Javier. Desenvolvimento e gestão local: temas e atores em um cenário de mudanças. In: BAVA, Silvio Caccia (Org.). *Desenvolvimento local*. São Paulo, Pólis, n. 25, 1996. p. 63-74.

PUTNAM, Robert. *Comunidade e democracia:* experiência da Itália moderna. Rio de Janeiro: Editora FGV, 2000.

RATTNER, Henrique. Tecnologia e Desenvolvimento Sustentável. In: HOYOS, Juan Bardalez (Org.). *Desenvolvimento sustentável:* um novo caminho? Belém: UFPA; Numa, 1992. 119p. (Universidade e Meio Ambiente, n. 3).

SEN, Amartya. *Desenvolvimento como liberdade.* São Paulo: Companhia das Letras, 2000.

TENÓRIO, F. G.; ROZENBERG, J. E. Gestão pública e cidadania: metodologias participativas em ação. In: *Cadernos Gestão Pública e Cidadania*, São Paulo: EAESP/FGV, v. 7, 1997.

VI

(Re)Visitando o Conceito de Gestão Social

(Re)visitar algo significa tornar a ver algo que já conhecíamos e este é o caso do conceito de *gestão social* que foi por nós visitado pela primeira vez em 1990 quando a onda (neo)liberal econômica chegou golpeando, literalmente, as costas do Brasil e dos brasileiros.[1] Sobre a onda navegava o "Consenso de Washington", que trazia dentro de *contêineres* o Estado-mínimo, o superávit primário, a não reserva de mercado e outras *commodities* que nos obrigaram a repensar o conceito de *gestão pública*. E este repensar significava entender a Administração Pública não mais como um meio de contribuir para o desenvolvimento do país, mas apenas como um instrumento de regulação do mercado. E no caso específico de quem trabalha numa instituição de ensino e pesquisa historicamente vinculada à temática do gerenciamento da burocracia pública, a compreensão do novo (sic) fenômeno macroeconômico exigia um repensar no seu fazer, tanto do ponto de vista concei-

---
[1] Segundo Emir Sader, "O Brasil estava na contramão da onda neoliberal, que já se alastrava na América Latina, na década de 80. Reconquistávamos a democracia e, no seu bojo, construíamos uma nova Constituição. Ao reafirmar direitos – Ulysses Guimarães, presidente da Constituinte, a chamou de 'Constituição cidadã' – se chocava com a onda de mercantilização e desregulamentação que se tornava moda. Como o mercado não reconhece direitos, reconhece apenas o poder do dinheiro, a Constituição foi rapidamente combatida pelos que apontavam na direção do mercado e não da democracia" (Sader, 2004, p. 13).

tual como prático. Ou seja, seria necessário uma mudança no significado e no exercício do que até então entendíamos como ensino, pesquisa e consultoria em Administração Pública[2].

E este visitar de novo em boa hora ocorre pelo estímulo do *2º Encontro Internacional de Desenvolvimento, Gestão e Cidadania* organizado pelo curso de Mestrado em Desenvolvimento, Gestão e Cidadania da Unijuí na medida que o tema *gestão social* tem sido objeto de estudo e prática muito mais associado à gestão de políticas sociais, de organizações do terceiro setor, de combate à pobreza e até ambiental, do que à discussão e possibilidade de uma gestão democrática, participativa, quer na formulação de políticas públicas, quer naquelas relações de caráter produtivo. Neste texto, portanto, entenderemos *gestão social* como o processo gerencial dialógico em que a autoridade decisória é compartilhada entre os participantes da ação (ação que possa ocorrer em qualquer tipo de sistema social – público, privado ou de organizações não-governamentais). O adjetivo *social* qualificando o substantivo *gestão* será entendido como o espaço privilegiado de relações sociais no qual todos têm o direito à fala, sem nenhum tipo de coação.

E o significado desse entendimento tem a ver com estudos desenvolvidos por meio de uma linha de pesquisa na Escola Brasileira de Administração Pública e de Empresas (Ebape) da Fundação Getulio Vargas (FGV). A linha de pesquisa que desde então vem promovendo esta discussão é o Programa de Estudos em Gestão Social (PEGS), que inicialmente orientou os seus debates e propostas de trabalho a

---

[2] Esta é uma interpretação do autor, não significando uma percepção da Ebape.

partir de quatro pares de palavras-categorias: *Estado-sociedade*[3] e *capital-trabalho*, *gestão estratégica* e *gestão social*, bem como de *cidadania deliberativa*, categoria intermediadora da relação destes pares de palavras. Esta discussão também é abordada no âmbito de duas outras unidades de ensino, pesquisa e consultoria da FGV: Programa Gestão Pública e Cidadania (PGPC) na Escola de Administração de Empresas de São Paulo (Eaesp) e no curso de Mestrado em Bens Culturais e Projetos Sociais[4] do Centro de Pesquisa e Documentação de História Contemporânea do Brasil (CPDOC).

No que diz respeito aos dois primeiros pares de palavras – *Estado-sociedade* e *capital-trabalho* –, inverteu-se as posições das categorias para *sociedade-Estado* e *trabalho-capital*. Aparentemente tais mudanças de posição não configurariam substantivas alterações, no entanto elas promovem uma alteração fundamental na medida em que se pretende sinalizar que a *sociedade* e o *trabalho* devem ser os protagonistas desta relação, dado que, historicamente, tem sido o inverso. Tal inversão não é para conferir importância ao *Estado* ou ao *capital*, mas sim enfatizar o papel da *sociedade civil* e do *trabalho* nesta interação. Quanto ao par *gestão estratégica* e *gestão social*, eles significarão que o primeiro atua determinado pelo mercado, portanto é um processo de gestão que prima pela competição, em que o outro, o concorrente, deve ser

---

[3] Na redação deste texto a expressão *sociedade* tanto poderá significar a delimitação de um determinado espaço socioeconômico-político-cultural, ou *sociedade civil* entendida como aquele espaço social formado por diferentes organizações de natureza não-estatal e não-econômica, ou ainda movimentos sociais em contraste com o *Estado* e o *mercado*. Apesar da expressão *capital* significar a forma que determina a macroorganização de uma sociedade, aqui indica também os agentes econômicos (*mercado*) que processam a oferta e a demanda de produtos ou serviços.

[4] O autor é professor da disciplina Gestão de Projetos Sociais.

excluído e o lucro é o seu motivo. Contrariamente, a *gestão social* deve ser determinada pela solidariedade, portanto é um processo de gestão que deve primar pela concordância, em que o outro deve ser incluído e a solidariedade o seu motivo. Enquanto na *gestão estratégica* prevalece o monólogo – o indivíduo –, na *gestão social* deve sobressair o diálogo – o coletivo.

Ampliando a discussão a partir desses pares de palavras e adotando o mesmo argumento das classificações anteriores, acrescentou-se outro par de palavras-categoria: *sociedade-mercado*. Este par tem a ver com os processos de interação que a sociedade civil organizada, contemporaneamente denominada de *terceiro setor* (organizações não-governamentais ou não-econômicas, associações e movimentos sociais), desenvolve com o *segundo setor* (mercado), bem como com o *primeiro setor* (Estado), relação já apreciada no parágrafo anterior. Dessa forma, à semelhança dos pares *sociedade-Estado* e *trabalho-capital*, no par *sociedade-mercado* o protagonista da relação também deve ser a *sociedade civil*. À semelhança do par *sociedade-Estado*, não se está diminuindo a importância das empresas privadas em processos em que este apóie projetos de natureza social, mas apenas considerando o fato de que o *capital*, uma empresa, por ser de natureza econômica, tem o seu desempenho primeiro quantificado pelo lucro para, depois, vir a ser qualificado pelo que de social efetive.

A definição de *gestão social*, portanto, vai estar apoiada na compreensão da inversão destes pares de palavras bem como do conceito de *cidadania deliberativa* que, como já foi observado, é a categoria intermediadora da relação entre os pares de palavras. Os fundamentos do conceito de *cidadania deliberativa* estarão apoiados no pensamento de Jürgen Habermas,[5] teórico da segunda geração da Escola de Frankfurt. E, no caso específico deste texto, a nossa atenção vai estar centrada, conceitualmente, na relação dos pares *sociedade-Estado*, *sociedade-mercado* ou em suas combinações, isto é, na possibilidade de que políticas públicas sejam concertadas, democraticamente, entre estes pares de palavras-categoria.[6]

Cidadania deliberativa significa, em linhas gerais, que a legitimidade das decisões políticas deve ter origem em processos de discussão, orientados pelos princípios da inclusão, do pluralismo, da igualdade participativa, da autonomia e do bem comum. Para entendermos esta possibilidade decisória, estruturamos a redação deste item em outros dois: *(a)* recuperar os conceitos de *esfera pública* e *sociedade civil* para então definirmos em *(b)* os conceitos de *liberalismo* e *republicanismo*, essenciais para a compreensão do significado de *cidadania deliberativa*.

---

[5] Devemos lembrar que a prolixidade do pensamento habermasiano constitui, muitas vezes, dificuldade para aqueles que se aproximam, pela primeira vez, dos seus conceitos. Devemos recordar, contudo, que Habermas vem desenvolvendo o seu projeto de uma teoria da sociedade desde os anos 60 do século passado. Daí porque, muitas vezes, ele expressa as suas idéias partindo do suposto, talvez, de que o leitor já conheça a sua produção acadêmica. É o caso desta proposta de uma política procedimental, deliberativa.

[6] "O velho conflito entre estatismo e privatismo, planificação e mercado, está morrendo. Está em via de ser substituído por um novo conflito entre versões institucionalizadas alternativas do pluralismo político e econômico. A premissa desse debate emergente é que democracias representativas, economias de mercado e sociedades civis livres podem assumir formas jurídico-institucionais muito diferentes daquelas que vieram a predominar nas democracias industriais ricas. De acordo com essa crença, as variações existentes entre as instituições do Estado e da economia dessas democracias representam um subconjunto de um espectro muito mais amplo de possibilidades institucionais não aproveitadas" (Unger, 2004, p. 17). Embora o Brasil não esteja ainda classificado como um país industrialmente rico, acreditamos que esta possibilidade poderá ser alcançada quando do seu processo de desenvolvimento se dê pela convergência de interesses entre a *sociedade civil*, o *Estado* e o *mercado*. Como alerta Roberto Mangabeira Unger (2004), é necessário o "experimentalismo democrático" no avanço das sociedades.

(a) *Esfera pública* e *sociedade civil*. Segundo Habermas "a esfera pública pode ser descrita como uma rede adequada para a comunicação de conteúdos, tomada de posição e opiniões; nela os fluxos comunicacionais são filtrados e sintetizados a ponto de se condensarem em opiniões públicas enfeixadas em temas específicos" (1997, vol. II, p. 92). O conceito de *esfera pública* pressupõe igualdade de direitos individuais (sociais, políticos e civis) e discussão, sem violência ou qualquer outro tipo de coação, de problemas por meio da autoridade negociada entre os participantes do debate. A *esfera pública*, portanto, é o espaço intersubjetivo, comunicativo, no qual as pessoas tematizam as suas inquietações por meio do entendimento mútuo.

A *esfera pública* constitui, essencialmente, uma estrutura comunicacional da ação orientada pelo entendimento e está relacionada com o espaço social gerado no agir comunicativo. Quando existe liberdade comunicativa estamos na presença de um espaço público constituído por intermédio da linguagem. Logo, as estruturas comunicativas da *esfera pública* devem ser mantidas operacionais por uma sociedade de pessoas ativas e democráticas. Diferente de um processo centralizador, tecnoburocrático, elaborado em gabinetes, em que o conhecimento técnico é o principal argumento da decisão, sob uma perspectiva descentralizadora, de concepção dialógica, a *esfera pública* deve identificar, compreender, problematizar e propor as soluções dos problemas da sociedade, a ponto de estas serem assumidas como políticas públicas pelo contexto parlamentar e executadas pelo aparato administrativo de governo.

Em relação ao conceito de *sociedade civil*, a sua recuperação por Habermas baseia-se no fato de o seu núcleo estar centrado num conjunto de instituições de caráter não-econômico e não-estatal, que se caracterizam por "ancorar as estruturas de comunicação da esfera pública nos componentes sociais do mundo da vida" (Habermas, 1997, vol II, p. 99). A *sociedade civil* é, assim, apontada como um setor relevante na construção da *esfera pública* democrática, na medida em que está apoiada no mundo da vida[7] e, portanto, apresenta uma maior proximidade com os problemas e demandas do cidadão, bem como um menor grau de influência pela lógica instrumental.

Logo, de um modo geral,

> a sociedade civil compõe-se de movimentos, organizações e associações, os quais captam os ecos dos problemas sociais que ressoam nas esferas privadas, condensam-nos e os transmitem, a seguir, para a esfera pública política. O núcleo da sociedade civil forma uma espécie de associação que institucionaliza os discursos capazes de solucionar problemas, transformando-os em questões de interesse geral no quadro de esferas públicas (Habermas, 1997, vol. II, p. 99).

Assim, os conceitos de *esfera pública* e *sociedade civil* são complementares na medida em que o primeiro envolve os interesses de pessoas, tornando-os públicos em determinados espaços sociais da segunda (associações, ONGs e movimentos sociais). Concretamente, as pes-

---

[7] O mundo da vida é o espaço da razão comunicativa. É constituído pela cultura, sociedade e personalidade e se expressa pela busca do consenso entre os indivíduos, por intermédio do diálogo. O mundo da vida contrapõe-se ao mundo dos sistemas, no qual predomina a razão instrumental, razão que se expressa em mecanismos funcionais, construídos em torno do poder e do dinheiro e que coordenam as ações humanas garantindo a reprodução do mundo material; é o espaço do trabalho, da técnica, da economia, da administração, etc. (Habermas, 1987).

soas buscam institucionalizar, por intermédio de movimentos e organizações da *sociedade civil*, objetivos que proporcionem legitimidade às suas pretensões. Com efeito, a *sociedade civil*,

> apesar de sua posição assimétrica em relação às possibilidades de intervenção e apesar das limitadas capacidades de elaboração, tem a chance de mobilizar um saber alternativo e de preparar traduções próprias, apoiando-se em avaliações técnicas especializadas. O fato de o público ser composto de leigos e de a comunicação pública se dar numa linguagem compreensível a todos, não significa necessariamente um obscurecimento das questões essenciais ou das razões que levam a uma decisão. Porém a tecnocracia pode tomar isso como pretexto para enfraquecer a autonomia da esfera pública, uma vez que as iniciativas da sociedade civil não conseguem fornecer um saber especializado suficiente para regular as questões discutidas publicamente, nem traduções adequadas (Habermas, 1997, vol. II, p. 106).

Na tentativa de tornar mais compreensível o conceito de *esfera pública* habermasiano, ampliamos o conteúdo desta categoria por meio das seguintes considerações: a *esfera pública* seria aquele espaço social no qual ocorreria a interação dialógica entre a *sociedade civil* e o *Estado* decidindo sobre políticas públicas; e, acreditando ser possível processos de parceria entre o *primeiro, segundo* e *terceiro setores*, incorporamos o *mercado* (*segundo setor*) também como possibilidade de participar da *esfera pública*. Na realidade o que fizemos foi reconstruir o conceito de *esfera pública* na medida em que o interpretamos como o espaço possível de comunicação e de deliberação entre *sociedade civil*, *Estado* e *mercado*. Assim, por exemplo, quando de uma decisão sobre determinada política pública ou que afete dada comunidade ou território, as relações bilaterais entre o *primeiro* e o *segundo setor*, ou entre os três *setores* simultaneamente, configuraria uma administração pública ampliada, isto é, uma *gestão social*, na qual os protagonistas seriam todos aqueles participantes do processo decisório.[8]

(b) *Liberalismo* e *republicanismo*.[9] De acordo com a *perspectiva liberal*, o processo democrático tem como objetivo orientar o governo no interesse da sociedade. Neste caso o governo é representado pela administração pública e a "sociedade como uma rede de interações entre particulares estruturada à semelhança do mercado. Aqui, a política (...) tem a função de unir e motivar os interesses privados contra um aparato governamental especializado no uso administrativo do poder político para fins coletivos." Por sua vez, sob a *perspectiva republicana*, "a política implica mais que [atuar como] função mediadora. (...) 'A política' é concebida como a forma reflexiva da vida ética substantiva, (...), como o meio pelo qual os membros de comunidades, mais ou menos integradas, se tornam conscientes de sua mútua dependência". Os interesses individuais são substituídos pela "*solidariedade* e a orientação em direção ao bem comum, aparecem como uma *terceira fonte* de integração social" (Habermas, 2004, p. 198).[10]

---

[8] Esta perspectiva de reinterpretação do pensamento de Habermas é apoiada em Goetz Ottmann que afirma (aqui faremos uma síntese das suas observações): os "comentadores contemporâneos tendem a enfatizar o potencial emancipatório de uma esfera pública baseada na sociedade civil (...); tendem a des-historicizar a esfera pública de Habermas ao reconstruí-la em torno do cerne de sua teoria da ação comunicativa (...); [tendem a apresentar] uma esfera pública baseada na sociedade civil, auto-regulada, crítica e horizontalmente interconectada (...); [e] estendem o conceito para a administração pública ou mesmo para o ciberespaço". Portanto, *esfera pública* "tornou-se um conceito extremamente flexível, aberto, adaptável e com conotações anti-hegemônicas" (Ottmann, 2004, p. 64).

[9] Não confundir *republicanismo*, forma de governo, com a prática conservadora do Partido Republicano nos Estados Unidos da América, como explicam William Outhwaite e Tom Bottomore *et al* no *Dicionário do pensamento social do Século XX*: "o nome do moderno Partido Republicano nos Estados Unidos é enganoso, (...)" (Bottomore; Outhwaite, 1996, p. 661).

[10] Itálicos de Jürgen Habermas.

[O] republicanismo é compatível com o socialismo democrático (...), mas é mais bem entendido por contraste com o governo de liberalismo que vê o Estado como garantia dos direitos do indivíduo a levar uma vida privada protegida por salvaguardas jurídicas tanto do próprio Estado quando dos terceiros. O espírito republicano diz que essas leis devem ser feitas e mudadas por cidadãos ativos trabalhando em harmonia; o preço da liberdade não é simplesmente a eterna vigilância, mas também a perpétua atividade cívica. Entre o Estado e o indivíduo existe o criativo tumulto da sociedade civil (Bottomore; Outhwaite, 1996, p. 662).

A *cidadania deliberativa* situa-se no seio do debate entre liberais e republicanos: os primeiros privilegiando os compromissos e a liberdade individual para negociar e os segundos priorizando o que é melhor para o próprio grupo ou comunidade. Procurando retirar o que de melhor existe nos dois conceitos, a alternativa deliberativa toma como prioritário o consenso válido, garantido nos pressupostos comunicativos. Assim, Habermas afirma que "a teoria do [diálogo], que atribui ao processo democrático maiores conotações normativas do que o modelo liberal, as quais, no entanto, são mais fracas do que as do modelo republicano, assume elementos de ambas as partes, compondo-os de modo novo" (Habermas, 1997, vol. II, p. 21).

Habermas pretende reconciliar democracia e direitos individuais de tal forma que nenhum dos dois se subordine ao outro. O sistema de direitos não pode ser reduzido nem a uma perspectiva moral dos direitos humanos – *liberalismo* –, nem a uma perspectiva ética da soberania popular – *republicanismo* –, porque a autonomia privada dos cidadãos não deve ser posta nem acima nem subordinada a sua autonomia política. A autodeterminação deliberativa só pode desenvolver-se a partir da cooperação de organizações parlamentares, com opiniões nascidas nos círculos informais da comunicação política. O conceito de *cidadania deliberativa* faz jus à multiplicidade das formas de comunicação, dos argumentos e das institucionalizações do direito por meio de processos. A *cidadania deliberativa* une os cidadãos em torno de um auto-entendimento ético. O âmago da *cidadania deliberativa* consiste precisamente numa rede de debates e de negociações, a qual deve possibilitar a solução racional de questões pragmáticas, éticas e morais.

O conceito de *esfera pública* habermasiano vai além do *modelo liberal*, na medida em que prevê o estabelecimento de estruturas comunicativas voltadas à discussão e à busca de entendimentos de caráter coletivo, sobressaindo-se o papel e a atuação dos atores da *sociedade civil*. Na perspectiva *republicana* a *cidadania deliberativa* foca o processo político da formação da opinião e da vontade, valorizando, ainda, a constituição do Estado democrático de direito, que em seus princípios é uma resposta coerente à pergunta acerca do modo de institucionalização das formas pretensiosas de comunicação de uma formação democrática da opinião e da vontade. O conceito republicano da política refere-se, assim, à prática de autodeterminação de cidadãos orientados pelo bem comum, enquanto membros livres de uma comunidade cooperadora. Ainda de acordo com a visão republicana, a *esfera pública* e a *sociedade civil* devem conferir autonomia e capacidade de integração à prática de entendimento dos cidadãos.

O modelo de democracia que Habermas propõe é o da *cidadania deliberativa* procedimental, baseado na correlação entre direitos humanos e soberania popular e conseqüente reinterpretação da autonomia nos moldes da teoria do diálogo. A *cidadania deliberativa* consiste, assim, em levar em consideração a pluralidade de formas de comunicação - morais, éticas, pragmáticas e de negociação –, em que todas são formas de deliberação. O marco que possibilita essas formas de comunicação é a Justiça, entendida como a garantia processual da participação em igualdade de condições. Dessa forma, Habermas procura a formação da opinião e da vontade comum não só pelo caminho do auto-entendimento ético, mas também por ajuste de interesses e por justificação moral.

Sob a *cidadania deliberativa*, tanto formas de deliberação dialógicas quanto instrumentais são institucionalizadas e válidas (legítimas) na formação da opinião e da vontade política. Transferem-se as condições de virtude do cidadão para a institucionalização de formas de comunicação em que possam ser trabados diálogos éticos, morais, pragmáticos e de negociação. Ela tem como base, portanto, as condições de comunicação, que permitem pressupor que decisões racionais podem ser tomadas no processo político. Assim:

> [1] Na perspectiva liberal, o processo político de opinião e formação de vontade na esfera pública e no parlamento é determinado pela competição de grupos que atuam estrategicamente para manter e adquirir posições de poder. O êxito se mede pela aprovação cidadã, quantificada em votos (...). Suas decisões ao votar, têm a mesma estrutura dos atos de eleição realizados por quem participa do mercado. Estas eleições autorizam certos exercícios do poder, do mesmo modo que ocorrem na política, onde os partidos políticos brigam por conseguir uma autorização para atuar (Habermas, 2004, p. 200) [através da ação estratégica]. "O meio da ação estratégica é a negociação e não a argumentação, seus instrumentos de persuasão não são direitos e razões, mas sim ofertas condicionais no sentido de prestar determinados serviços e abster-se de determinadas coisas. Já venha formalmente encarnado em um voto ou em um contrato, ou informalmente executado em condutas sociais, um resultado estratégico não representa um juízo coletivo de razão, mas sim um vetor de soma em um campo de forças (Habermas, 1998, p. 346).

[2] Na perspectiva republicana, o processo de opinião e formação da vontade política, que tem lugar na esfera pública e no parlamento, não obedece à estrutura dos processos de mercado, mas sim a estruturas de comunicação pública orientada à compreensão mútua. Para a política, no sentido de uma prática de autolegislação cívica, o paradigma não é o mercado, mas sim o diálogo. Esta concepção dialógica pensa a política como uma discussão sobre questões de valor, e não simplesmente sobre questões de preferências (Habermas, 2004, p. 201). [Pensa a política como uma ação comunicativa], como um processo de razão, e não somente de vontade, de persuasão e (...) de poder (...), se refere [a uma atitude] de cooperação social, isto é, uma atitude que consiste na abertura a se deixar persuadir por razões relativas aos direitos dos outros ao igual que aos seus direitos (Habermas, 1998, p. 347).

Por meio da sua teoria do diálogo, de uma ação social com relação ao entendimento, da *esfera pública*, Habermas procura integrar a perspectiva *liberal* com a *republicana* no objetivo de substanciar um procedimento deliberativo de tomadas de decisão. Procedimento que estimule uma cultura política de liberdade, de socialização política esclarecedora, de iniciativas formadoras da opinião pública originadas na *sociedade civil*. Ação, portanto, não dependente do sistema político – *Estado* e do econômico - *mercado*, que devem ser vistos como sistemas de ação entre outros sistemas de ação. Desse modo:

[1] Este procedimento democrático estabelece uma conexão interna entre as considerações pragmáticas, os compromissos, os discursos de auto-entendimento e os discursos relativos à justiça e fundamenta a presunção de que, sob as condições de um suficiente aporte de informação relativa aos problemas tratados e de uma elaboração dessa informação ajustada a realidade desses problemas, se consigam resultados racionais (...). Conforme esta concepção, a razão prática se retrai dos direitos

humanos universais, nos quais insiste o liberalismo, ou da eticidade concreta de uma comunidade determinada, na que insiste o republicanismo, para assentar-se nessas regras de [diálogo] e formas de argumentação que tem o seu conteúdo normativo fundado na validade da ação orientada ao entendimento e, em última instância, da estrutura da comunicação lingüística e da ordem não substituível que representa a socialização e [as ações sociais] comunicativas (Habermas, 1998, p. 372).

[2] A teoria do [diálogo] conta com a *intersubjetividade de ordem superior* [grifo de Habermas] que representam os processos de entendimento que se efetuam através dos procedimentos democráticos ou na rede de comunicação dos espaços públicos políticos. Estas comunicações, não atribuíveis a nenhum sujeito global, que se produzem dentro e fora do complexo parlamentário e [do aparato administrativo do Estado], constituem âmbitos públicos nos quais podem ter lugar uma formação mais ou menos racional da opinião e da vontade acerca de matérias relevantes para a sociedade (...) e necessitadas de regulação. (...) Como no modelo liberal, são respeitados os limites entre "Estado" e "sociedade". Porém, aqui, a sociedade civil, enquanto base social dos espaços públicos autônomos, se distingue tanto do sistema econômico como da administração pública. Desta compreensão de democracia, segue-se a exigência normativa do deslocamento do centro de gravidade na relação desses três recursos, isto é, o dinheiro, o poder administrativo e a solidariedade (...) [A] força sociointegradora que representa a solidariedade (...), deve desenvolver-se através de espaços públicos autônomos (...), diversos e de procedimentos de formação democrática da opinião e da vontade, institucionalizadas em termos de Estado de direito; e através do meio que representa o direito, [a solidariedade] deve afirmar-se também contra os outros mecanismos de integração da sociedade, ou seja, o dinheiro e o poder administrativo (Habermas, 1998, p. 375).

Assim sendo, a *cidadania deliberativa* habermasiana constitui-se em uma nova forma de articulação que questiona a prerrogativa unilateral de ação política do poder administrativo – do *Estado* e/ou do dinheiro – *o mercado*. A perspectiva é que a *cidadania deliberativa* contribua, por intermédio da *esfera pública*, para que se escape das "barreiras de classe", para que se liberte das "cadeias milenárias" da estratificação e exploração social e para que se desenvolva plenamente "o potencial de um pluralismo cultural" atuante "conforme a sua própria lógica", potencial que, "sem dúvida alguma, é tão rico em conflitos e gerador de significado e sentido" (Habermas, 1988, p. 385). Desse modo, o procedimento da prática da *cidadania deliberativa* na *esfera pública* é a *participação*.

Apesar de o significado de participação estar implícito no conceito de *cidadania deliberativa*, definição ancorada na de *esfera pública* e *sociedade civil*, bem como na convergência das concepções de *liberalismo* e *republicanismo*, mais uma vez ampliamos, por meio do conceito de *participação*, o pensamento habermasiano, desejando, com isso, enfatizar o caráter essencialmente intersubjetivo, dialógico, do conceito de *gestão social*.

[3] *Participação*, segundo Pedro Demo, é um processo em constante vir-a-ser, que, em sua essência, trata da autopromoção e de uma conquista processual. "Não existe participação suficiente, nem acabada. Participação que se imagina completa, nisto mesmo começa a regredir" (Demo, 1993, p. 18). Desta forma a *participação* não deve ser vista como uma concessão do *poder público*, do *Estado*:

> Participação é um processo de conquista, não somente na ótica da comunidade ou dos interessados, mas também do técnico, do professor, do pesquisador, do intelectual. Todas estas figuras pertencem ao lado privilegiado da sociedade, ainda que nem sempre ao mais privilegiado. Tendencialmente buscam manter e aumentar seus privilégios. Se o processo de par-

ticipação for coerente e consistente, atingirá tais privilégios, pelo menos no sentido de que a distância entre tais figuras e os pobres deverá diminuir (Demo, 1993, p. 21).

Para Fernando G. Tenório e Jacob E. Rozenberg, a *participação* integra o cotidiano de todos os indivíduos, haja vista que atuamos sob relações sociais. Por desejo próprio ou não, somos, ao longo da vida, levados a participar de grupos e atividades. Esse ato nos revela a necessidade que temos de nos associar para buscar objetivos, que seriam de difícil consecução ou mesmo inatingíveis se procurássemos alcançá-los individualmente. Assim, a *cidadania* e a *participação* referem-se à apropriação pelos indivíduos do direito de construção democrática do seu próprio destino.

> Sua concretização [destino] passa pela organização coletiva dos participantes, possibilitando desde a abertura de espaços de discussão dentro e fora dos limites da comunidade até a definição de prioridades, a elaboração de estratégias de ação e o estabelecimento de canais de diálogo com o poder público (Tenório; Rozenberg, 1997, p. 103).

De modo geral, no entanto, a relação entre os participantes de uma discussão, é muito afetada pelo grau de escolaridade entre os membros, uma vez que os que detêm maior "conhecimento" acabam estabelecendo uma relação de poder sobre os demais. Tenório (1990) afirma que qualquer que seja a relação social, haverá duas possibilidades no uso do conhecimento: a direção, apontando o que é certo e o que é errado; e a discussão dos saberes.

> Assim, numa relação social que se pretenda participativa, os conhecimentos devem ser convergentes. O saber de quem estudou deve ser usado como apoio às discussões, mas não

como orientador primeiro na decisão. Numa relação coletiva o poder se dilui entre os participantes, já que o conhecimento e as informações são compartilhados, não existindo "donos da verdade" (p. 163).

Os conhecimentos, então, mesmo que diferentes, devem ser integrados. Tenório destaca ainda que se uma pessoa é capaz de pensar sua experiência, ela é capaz de produzir conhecimento. "(...) participar é repensar o seu saber em confronto com outros saberes. Participar é fazer 'com' e não 'para', (...) é uma prática social" (op cit).

A *participação* que se espera, segundo Tenório e Rozenberg (1997), deve obedecer aos seguintes pressupostos:

➤ Consciência sobre atos: uma participação consciente é aquela em que o envolvido possui compreensão sobre o processo que está vivenciando, do contrário ela é restrita;

➤ Forma de assegurá-la: a participação não pode ser forçada nem aceita como esmola, não podendo ser, assim, uma mera concessão;

➤ Voluntariedade: o envolvimento deve ocorrer pelo interesse do indivíduo, sem coação ou imposição.

Por sua vez, Juan E. Díaz Bordenave afirma existirem dois processos de *participação*: o micro e o macro. A instância de participação micro envolve grupos primários, tais como a família, os amigos e os vizinhos, pois este tipo de participação se dá a partir de dois ou mais indivíduos que compartilham objetivos e/ou interesses comuns. É extremamente importante este processo, pois seu aprendizado pode ser considerado um pré-requisito para a participação em nível macro visto que a participação a tal nível ocorre a partir de grupos secundários, a exemplo de empresas, clubes, associações, etc., e grupos terciários, como movimentos de classe, partidos políticos, etc. Esta forma de participação tem como essência a contribuição para a sociedade como um todo, uma vez que interfere, diretamente, na dinâmica da História. A participação social se dá quando oportuniza que as diferentes camadas sociais façam parte dos movimentos históricos nos aspectos políticos, econômicos, sociais e culturais, permitindo que todos construam, gerenciem e façam parte do processo. O objetivo é incluir qualquer pessoa, grupo ou setor marginalizado no processo de participação em âmbito micro e/ou macro. Até para que seja possível reivindicar, as pessoas já devem estar envolvidas em algum tipo de processo participatório mostrando-se sensibilizadas, engajadas, compartilhando os mesmos tipos de interesses e objetivos (Bordenave, 1994). Este autor defende ainda que

> a participação pode ser entendida de várias maneiras: a *participação de fato* se dá em instância básica na família, na religião, na recreação e na luta contra os inimigos. Em outro nível seria a *participação espontânea*, que pode ser classificada como grupos informais e instáveis dotados/representados por relações superficiais. Existem, também, modos de *participação imposta*, onde as pessoas são obrigadas a fazer parte de grupos e participar de determinadas atividades. O voto, no Brasil, é um modo de participação imposto. Contrapondo, a *participação voluntária* se dá através de um grupo que cria suas próprias normas, maneiras de atuação e objetivos. As sociedades comerciais, associações e as cooperativas enquadram-se neste tipo de participação que tem como essência a iniciativa e a atuação das pessoas envolvidas. Não pode ser confundida com uma participação onde existem indivíduos que, aparentemente, incitam e conduzem o grupo a atingir seus próprios interesses (o que caracteriza uma manipulação). Existe também a *participação concedida*, adotada por algumas organizações que concedem aos trabalhadores a participação nos lucros das empresas (1994).

Clève *apud* Schier (2002) classifica a *participação* em três modalidades de acordo com a atividade exercida pelo cidadão no gozo deste direito. A primeira é o cidadão como eleitor, pois é pelo voto que ocorre o controle direto do poder público pela população. A segunda modalidade é o cidadão como agente de poder. Nessa categoria inserem-se todos os cidadãos que ingressam como servidores do poder público via concurso ou apenas nomeação, no caso de comissão ou contrato por tempo determinado. A terceira modalidade, que se aproxima do conceito de *cidadania deliberativa*, refere-se ao cidadão enquanto colaborador na gestão de interesses públicos. Seria a participação popular desde os mutirões em casos de catástrofes e calamidades até a participação em conselhos ou colegiados de órgãos de interesse público.

Existe uma dificuldade de se manter, de forma contínua e sistemática, elevados níveis de participação da sociedade nas diretrizes das políticas a serem adotadas em uma determinada região. Os movimentos sociais tendem a se fazerem mais presentes apenas em períodos limitados, quando uma ameaça externa catalisa a união dos diversos segmentos afetados, ou quando há demandas específicas e localizadas a serem atendidas (Santos apud Soares; Gondim, 2002). Sendo assim, para uma participação no sentido de partilha de poder envolvendo a formulação e a instituição de políticas públicas, torna-se necessário encontrar mecanismos capazes de institucionalizar os processos participativos. Neste sentido, no Brasil, a participação da sociedade com o poder público, na formulação e efetivação de políticas públicas, só veio a ser viabilizada a partir do processo de democratização do país, que permitiu a condução aos governos municipais de políticos comprometidos com os movimentos sociais (Soares; Gondim, 2002).

Percebe-se, assim, que a *participação* tem uma estreita vinculação com o processo de descentralização, podendo contribuir não só para a democratização do poder público, mas também para o fortalecimento de uma cidadania ativa. Neste contexto, segundo Pedro Jacobi:

> Na década de 1980 que a participação cidadã se torna instrumento para um potencial aprofundamento da democracia. Com supressão dos regimes autoritários que prevaleciam na região [América Latina], tem início um processo de descentralização que impulsiona mudanças na dinâmica de participação, notadamente em nível local, evidenciando a necessidade de arranjos institucionais que estimulem, desde a esfera estatal, a criação de canais de comunicação com a sociedade e permitindo que de alguma forma se amplie a esfera de engajamento dos cidadãos (Jacobi, 2000, p. 12).

Desta forma, na concepção de Maria Helena Castro (1995), a descentralização possui três aspectos importantes:

➢ Necessidade de se democratizar as relações entre o Estado e a sociedade civil;

➢ Reestruturação do Estado no sentido das relações internas nos vários níveis das estruturas de poder;

➢ Fiscalização e acompanhamento das ações do poder público no objetivo de garantir a participação societal na esfera pública por meio de mecanismos diversos que precisam ser institucionalizados, para assegurar a continuidade das ações postas em prática.

Com a descentralização proporcionada pela Constituição de 1988, abriram-se espaços para uma participação popular efetiva. Segundo Silvio Caccia Bava, "participação popular é entendida como uma intervenção periódica, refletida e constante nas definições e nas decisões das políticas públicas" (1994, p. 8). Essa forma de participação da sociedade se dá por meio dos conselhos e comissões municipais, nos quais a comunidade, via representantes, tem assento, voz e voto. Assim, de acordo com Celso Daniel os conselhos ou comissões populares "podem ser concebidos enquanto órgãos da sociedade, portanto independentes do Estado, organizados com a perspectiva de buscar a ocupação de espaços de participação de uma gestão local" (Daniel, 1994, p. 27).

Outro aspecto a ser considerado é que a possibilidade de alterar a institucionalidade pública está associada a demandas que se estruturam na sociedade, e a *esfera pública* representa a possibilidade da sociedade de influenciar nas decisões públicas. Com isso, há necessidade de atualização dos princípios éticos-políticos da democracia, de forma que o fortalecimento institucional no sentido de colaborar para uma participação da sociedade potencialize o fortalecimento da democracia nas demais esferas da vida social (Jacobi, 2000). Esta potencialização pode ser observada, por exemplo, na relação governo municipal-governo federal ou de governo municipal-governo estadual. "Quando a comunidade participa junto ao governo, o município adquire uma identidade mais forte, é em si mesmo um ator coletivo que está em melhores condições de negociar frente a outras instâncias do governo federal ou estadual, para obter recursos que lhe permitam atender às demandas de sua comunidade" (Ziccardi, 1996, p. 18).

Pedro Jacobi também destaca o efeito que as transformações do processo político mais amplo provocam na construção dos movimentos populares, na medida em que estes passam a ser reconhecidos como interlocutores válidos. Neste sentido e no caso dos governos locais, este autor não mais observa os movimentos somente como adversários. Neste momento pode-se acrescentar que há a legitimação das reivindicações dos movimentos populares e estas se inscrevem no campo dos direitos. Assim, os movimentos formam uma identidade que se concretiza a partir da construção coletiva de uma noção de direitos que, relacionada diretamente com a ampliação do espaço de cidadania, possibilita o reconhecimento público de carências. Dessa forma, as transformações na dinâmica de gestão e o fortalecimento de práticas que tornam legítima a participação do cidadão estão direta ou indiretamente associados à necessidade de tornar mais eficiente a ação governamental (Jacobi, 2000). Nesse sentido, *desenvolvimento local com cidadania* significa que pessoas individualmente ou por meio de grupos organizados da *sociedade civil*, bem como do empresariado local (do mercado) em interação com o *poder público* municipal (Executivo e Legislativo), decidem sob uma *esfera pública*, o bem-estar de uma comunidade.

[4] *Concluindo o revisitado* podemos concluir que o conceito de *gestão social* neste ensaio aproxima-se daquele que elaboramos em 1998, quando publicamos o artigo *Gestão social: uma perspectiva conceitual*,[11] no qual fazíamos a distinção entre *gestão estratégica* e *gestão social*, bem como a definição de *ação gerencial dialógica* publicada no ano de 2000:

> *Gestão estratégica* é um tipo de ação social utilitarista, fundada no cálculo de meios e fins e implementada através da interação de duas ou mais pessoas na qual uma delas tem autoridade formal sobre a(s) outra(s). Por extensão, este tipo de ação gerencial é aquele no qual o sistema-empresa determina as suas

---

[11] Tenório, Fernando G. In: *Revista de Administração Pública*, Rio de Janeiro: Ebape/FGV, vol. 32, n. 5, p. 7-23, set./out. 98.

condições de funcionamento e o Estado se impõe sobre a sociedade. É uma combinação de competência técnica com atribuição hierárquica, o que produz a substância do comportamento tecnocrático. Por comportamento tecnocrático entendemos toda ação social implementada sob a hegemonia do poder técnico ou tecnoburocrático, que se manifesta tanto no setor público quanto no privado, fenômeno comum às sociedades contemporâneas (Tenório, 1998, p. 124).

Gestão social contrapõe-se à *gestão estratégica* à medida que tenta substituir a gestão tecnoburocrática, monológica, por um gerenciamento mais participativo, dialógico, no qual o processo decisório é exercido por meio de diferentes sujeitos sociais. E uma ação dialógica desenvolvove-se segundo os pressupostos do agir comunicativo. (...) No processo de gestão social, acorde com o agir comunicativo – dialógico, a verdade só existe se todos os participantes da ação social admitem sua validade, isto é, verdade é a promessa de consenso racional ou, a verdade não é uma relação entre o indivíduo e a sua percepção do mundo, mas sim um acordo alcançado por meio da discussão crítica, da apreciação intersubjetiva (Tenório, 1998, p. 126).

Sob a concepção de *ação gerencial dialógica*, a palavra-princípio *democratização* seria implementada por meio da intersubjetividade racional dos diferentes sujeitos sociais – subordinados e superiores – dentro das organizações. Essa intersubjetividade racional pressupõe que os atores, ao fazerem suas propostas, têm de apresentá-las sob bases racionais, quer dizer, nenhuma das partes – superiores e subordinados – pode impor suas pretensões de validade sem que haja um acordo alcançado *comunicativamente*, por meio do qual todos os participantes expõem os seus argumentos mediados lingüisticamente em busca do entendimento (Tenório, 2000, p. 198).

A distinção do que agora apresentamos está relacionada ao acompanhamento do pensamento de J. Habermas, na medida em que este pensador alemão tem dado continuidade ao seu projeto de uma teoria da sociedade. A elaboração do conceito de *gestão social* foi apoiada, principalmente, no livro *Teoria de la acción comunicativa: racionalidad de la acción y racionalización social* (originalmente publicado em alemão no ano de 1981).[12] Em seguida acrescentamos a discussão, o conceito de *cidadania deliberativa* que foi apresentado em 1992 (edição alemã) no livro, de edição portuguesa, *Direito e democracia: entre facticidade e validade*.[13] Posteriormente Habermas continuou o processo de desenvolvimento de sua teoria social e o tema *cidadania deliberativa* aparece em vários textos, dentre os quais destacamos *Derechos humanos y soberania popular: las versiones liberal y republicana*.[14]

O acréscimo que fazemos à discussão sobre *gestão social* integrada à proposta habermasiana de uma *cidadania deliberativa* está relacionada ao significado de *participação*. Por sua vez, a necessidade de agregar a estes dois conceitos anteriores o de *participação*, está vinculada à ênfase que se faz primordial quando se deseja dizer que a *gestão social* deve ser praticada como um processo intersubjetivo, dialógico, em que todos têm direito à fala. E este processo deve ocorrer em um espaço social, na *esfera pública*. *Esfera* na qual se articulam diferentes atores da *sociedade civil* que ora em interação com o *Estado*, ora em interação com o *mercado*, ora os três interagindo conjuntamente, vocalizam as suas pretensões com o propósito de planejar, executar e avali-

---

[12] A edição com a qual trabalhamos foi a de língua espanhola editada em Madrid: Taurus, 1987, vols I e II.

[13] Habermas, Jürgen. *Direito e democracia:* entre facticidade e validade. Rio de Janeiro: Tempo Brasileiro, 1997. Vols. I e II. Edição espanhola denominada *Facticidad y validez. Sobre el derecho y el Estado democrático de derecho en términos de teoría del discurso*. Madrid: Trotta, 1998.

[14] In: Ovejero, Félix et al (Compiladores). *Nuevas ideas republicanas: autogobierno y libertad*. Barcelona: Paidós, 2004.

ar políticas públicas ou decisões que compartilhem recursos em prol do bem comum. Assim, entendemos *gestão social* como o *processo gerencial deliberativo* que procura atender às necessidades de uma dada sociedade, região, território ou sistema social específico.

Finalmente, o nosso (re)visitar foi apenas para acentuar que o conceito de *gestão social* não está atrelado às especificidades de políticas públicas direcionadas a questões de carência social ou de gestão de organizações do denominado *terceiro setor*; mas, também, a identificá-lo como uma possibilidade de gestão democrática na qual o imperativo categórico não é apenas o eleitor e/ou contribuinte, mas o cidadão deliberativo; não é só a economia de mercado, mas também a economia social; não é o cálculo utilitário, mas o consenso solidário; não é o assalariado como mercadoria, mas o trabalhador como sujeito; não é somente a produção como valor de troca, mas igualmente como valor de uso; não é tão-somente a responsabilidade técnica mas, além disso, a responsabilidade social; não é a *res privata*, mas sim a *res publica*; não é o monólogo, mas, ao contrário, o diálogo.

Reiteramos o que pretendemos defender ao longo deste ensaio, o conceito de *gestão social* que estudamos e procuramos transferir desde o ano de 1990 refere-se, quando relacionado a temas que envolvam o aparelho burocrático público, ao processo de tomada de decisão que ocorre sob uma *esfera pública* na qual interagem a *sociedade* e o *Estado* com o objetivo de promover uma administração pública ampliada. E tratando-se de políticas públicas voltadas ao desenvolvimento, o processo de sua instituição somente teria significado, na perspectiva da *gestão social*, se os usuários das políticas também participassem do processo. Desenvolvimento não significa apenas concessão mas, também, promover a prática de uma *cidadania deliberativa*.

Referências

BAVA, Silvio C. "Democracia e poder local." In: *Participação popular nos governos locais.* São Paulo: Polis, 1994. p. 3-9.

BORDENAVE, Juan E. Diaz. *O que é participação.* 8. ed. São Paulo: Brasiliense, 1994.

BOTTOMORE, Tom; OUTHWAITE, William. *Dicionário do pensamento social do século XX.* Rio de Janeiro: Jorge Zahar Editor, 1996.

CASTRO, Maria H. Reforma do Estado e democratização local. In: VILLAS-BÔAS, Renata; TELLES, Vera. (Orgs.). *Poder local, participação popular, construção da cidadania.* São Paulo: Fórum Nacional de Participação Popular nas Administrações Municipais, 1995. p. 11-14.

DANIEL, Celso. Gestão local e participação da sociedade civil. In: *Participação popular nos governos locais.* São Paulo: Polis, 1994. p. 21-41.

DEMO, Pedro. *Participação é uma conquista:* noções da política social participativa. 2. ed. São Paulo: Cortez, 1993.

HABERMAS, Jürgen. *Direito e democracia:* entre facticidade e validade. Rio de Janeiro: Tempo Brasileiro, 1997. Vol. I e II.

_____. *Facticidad y validez.* Sobre el derecho y el Estado democrático de derecho en términos de teoría del discurso. Madrid: Trotta, 1998.

_____. Derechos humanos y soberania popular: las versiones liberal y republicana. In: OVEJERO, Félix; MARTI, José Luis; GARGARELLA, Roberto (Orgs.). *Nuevas ideas republicanas:* autogobierno y liberdad. Barcelona: Paidós, 2004. p. 191-206.

HABERMAS, Jürgen. *Teoria de la acción comunicativa:* racionalidad de la acción y racionalización social (originalmente publicado em alemão no ano de 1981). Madrid: Taurus, 1987. Vols I e II.

JACOBI, Pedro. *Políticas sociais e ampliação da cidadania.* Rio de Janeiro: FGV, 2000.

OTTMAN, Goetz. Habermas e a esfera pública no Brasil: considerações conceituais. In: *Novos Estudos Cebrap,* São Paulo: Cebrap, n. 68, p. 61-72. mar. 2004.

SADER, Emir. Mercado contra democracia. In: *Jornal do Brasil.* Rio de Janeiro: Jornal do Brasil, Caderno A, 4.7.2004.

SANTOS, Boaventura de Souza (Org.). *Democratizar a democracia:* os caminhos da democracia participativa. Rio de Janeiro: Civilização Brasileira, 2002.

SCHIER, Adriana da Costa R. *A participação popular na administração pública:* o direito de reclamação. Rio de Janeiro: Renovar, 2002.

SOARES, José Arlindo; GONDIM, Linda. Novos modelos de gestão: lições que vêm do poder local. In: SOARES, José Arlindo; BAVA, Silvio Caccia (Orgs.). *Os desafios da gestão municipal democrática.* 2. ed. São Paulo: Cortez, 2002. p. 61-96.

SOARES, José A.; BAVA, Silvio C. (Orgs.). *Os desafios da gestão municipal democrática.* 2. ed. São Paulo: Cortez, 2002.

TENÓRIO, Fernando G. O mito da participação. In: *Revista de Administração Pública,* Rio de Janeiro: Ebap/FGV, v. 24, n. 3, p. 162-164, maio/jul./1990.

TENÓRIO, Fernando G.; ROZEMBERG, Jacob E. Gestão pública e cidadania: metodologias participativas em ação. In: *Revista de Administração Pública*, Rio de Janeiro: Ebap/FGV, v. 31, n. 4, p. 101-125, jul./ago. 1997.

_____. Gestão social: uma perspectiva conceitual. In: *Revista de Administração Pública*, Rio de Janeiro: Ebap/FGV, v. 32, n. 5, p. 7-23, set./out. 1998.

_____. *Flexibilização organizacional, mito ou realidade?* 2. ed. Rio de Janeiro: FGV, 2002.

UNGER, Roberto M. *O direito e o futuro da democracia*. São Paulo: Boitempo, 2004.

ZICCARDI, Alicia (coord.). *La tarea de gobernar:* gobiernos locales y demandas ciudadanas. México (DF): IIS/Unam, 1996.

CONCLUSÃO – É Possível

A pergunta formulada na Introdução desta coletânea de ensaios: *É possível a relação sociedade-Estado?*, está sendo respondida nesta conclusão na medida em que percebemos que a sociedade atual, a despeito do determinismo de mercado ainda persistir pautado pelo pensamento único do (neo)liberalismo econômico, ter assumido desde os anos 80 do século passado uma atitude de questionamento e de ação perante o Estado bem como do setor produtivo privado. A lógica deste comportamento aponta para a necessidade de que tanto o setor público como o segundo setor observem a sociedade civil não mais como o "alvo" ou "cliente" de suas pretensões, mas como sujeito do processo. Na realidade a relação entre o primeiro, segundo e terceiro setores parece ocorrer de acordo com critérios em que esta conexão não se dá de forma linear, do *1º* para o *2º*, mas por meio de uma interação na qual os três setores procuram convergir seus interesses.

Concluir que é possível uma melhor relação da sociedade com o Estado não quer significar que o poder público tenha sua função diminuída (Estado-mínimo), pelo contrário, somos partidários de que o poder público estatal em países como o Brasil, nos quais as carências sociais demarcam uma posição de quase hegemonia na escala internacional da pobreza, têm o dever de planejar e produzir meios de sustentabilidade socioeconômica. Para que tal aconteça e na tentativa de desenvolver processos que nos tirem da *liderança indigente*, é necessário que a sociedade civil, pelos seus diferentes atores, aí incluindo os agentes econômicos, interaja com o poder público sob uma configuração de gestão que privilegie a democratização de suas relações, isto é, por meio da gestão social.

Gestão social significa neste conjunto de ensaios a possibilidade de implementar processos gerenciais que não sejam caracterizados por iniciativas tecnoburocráticas, monológicas, em que predomina o cálculo utilitarista das conseqüências, mas por meio de atividades dialógicas nas quais os envolvidos têm direito a participar, conjuntamente, na solução dos problemas. Assim, a "inversão de mãos" Estado-sociedade para sociedade-Estado não é para idealizar uma "mão-única", mas para destacar a importância dos atores e movimentos sociais em detrimento de um predomínio do *primeiro* em relação aos *demais*, fenômeno que a história do século XX apontou e que dos anos 90 para cá tem-se procurado eleger o *segundo* como o ator principal. O intento é tipificar a necessidade de uma gestão pública ampliada, na qual o público não está sob a égide exclusiva do Estado nem tampouco do mercado, mas da sociedade como um todo.

Nesta coletânea procuramos explorar a possibilidade da relação sociedade-Estado desde o ensaio inicial, no qual conceituamos gestão social para, em seguida, já no segundo texto, identificar o *terceiro setor* como aquele espaço público possível de promover esta relação, desde que não seja submetido à lógica do *segundo setor*. No ensaio de número quatro, apesar do caráter ficcional do texto, o leitor deve ter percebido que a intenção foi alertar o quanto de real pode acontecer se as relações não forem mediadas por uma consciência crítica. Os três últimos capítulos foram escritos a partir de experiências encontradas no

Programa Gestão Pública e Cidadania, programa que tem entre seus objetivos verificar como o poder público estatal, nos níveis subnacionais de governo, convive com a sociedade brasileira. Neste intuito foram analisados casos que tentam explorar a possibilidade de a sociedade civil interagir com o Estado.

Concluímos afirmando que este conjunto de ensaios não quer significar que a sociedade civil brasileira vem tendo a oportunidade de participar da solução de seus problemas. O objetivo foi provocar esta possibilidade por meio de um conceito – *gestão social* – que se caracteriza, substancialmente, por acreditar em processos democráticos de decisão formados por *esferas públicas* entre o *segundo* é o *primeiro setor*, entre o *terceiro* e o *primeiro setor*, entre o *terceiro* e *segundo setor* ou, finalmente, sem nenhuma posição de precedência entre os *três setores* a despeito da onda (neo)liberal econômica que "bate em nossas praias" e "costas" desde os anos 90 do século passado. O intento foi discutir a possibilidade *sociocêntrica* – fortalecimento da sociedade civil – ao invés de *estadocêntrica* e/ou *mercadocêntrica*.

Editora UNIJUÍ

Fone: (0xx55) 3332-0217
editora@unijui.edu.br
http://www.editoraunijui.com.br

NÚCLEO DE DISTRIBUIÇÃO
Fones: (0xx55) 3332-0208 / 0222
Fax: (0xx55) 3332-0216
editorapedidos@unijui.edu.br
Rua do Comércio, 1364
Bairro São Geraldo
98700-000 – Ijuí – RS